Cérémonies funéraires et postfunéraires en Inde
La tradition derrière les rites

Fidèle à sa volonté de maintenir vivant l'ensemble du catalogue et de continuer à rendre accessible à tous la richesse de son contenu, Les marques du groupe L'Harmattan proposent les ouvrages, même s'ils sont épuisés dans leur premier tirage, et les impriment à la demande.
Au vu de l'ancienneté de ce titre, un exemplaire original a été numérisé pour être réimprimé, ce qui pourrait altérer légèrement la qualité de certains passages.

MARCELLE SAINDON

Cérémonies funéraires et postfunéraires en Inde
La tradition derrière les rites

Les Presses de l'Université Laval • L'Harmattan

Les Presses de l'Université Laval reçoivent chaque année du Conseil des Arts du Canada et de la Société de développement des entreprises culturelles du Québec une aide financière pour l'ensemble de leur programme de publication.

Nous reconnaissons l'aide financière du gouvernement du Canada par l'entremise de son Programme d'aide au développement de l'industrie de l'édition (PADIÉ) pour nos activités d'édition.

Données de catalogage avant publication (Canada)

Saindon, Marcelle

    Cérémonies funéraires et postfunéraires en Inde : la tradition derrière les rites

    Comprend des références bibliographiques
    Publié en collaboration avec L'Harmattan

    ISBN 2-7637-7729-5 (Les Presses de l'Université Laval)
    ISBN 2-7384-9052-2 (L'Harmattan)

1. Funérailles — Rites et cérémonies — Inde. 2. Hindouisme — Rituel. 3. Crémation — Inde. 4. Morts — Culte —Hindouisme. 5. Mort — Aspect religieux — Hindouisme. I. Titre.

Mise en pages : Francine Brisson
Maquette de couverture : Chantal Santerre

© LES PRESSES DE L'UNIVERSITÉ LAVAL 2000
Tous droits réservés. Imprimé au Canada

Dépôt légal 2e trimestre 2000
ISBN 2-7637-7729-5 (Les Presses de l'Université Laval)
ISBN 2-7384-9052-2 (L'Harmattan)

Distribution de livres Univers
845, rue Marie-Victorin
Saint-Nicolas (Québec)
Canada G7A 3S8
Tél. (418) 831-7474 ou 1 800 859-7474
Téléc. (418) 831-4021
http://www.ulaval.ca/pul

L'Harmattan
5-7, rue de l'École Polytechnique
75005 Paris
Tél. 01 40 46 79 20
Téléc. 01 43 25 82 03

AVANT-PROPOS

POUR bien des raisons, il y a actuellement un intérêt marqué pour tout ce qui entoure la mort, à tout le moins beaucoup de préoccupation autour de la mort. Quoique la tâche des praticiens des sciences médicales et la contribution des spécialistes de services autour de la mort tiennent de plus en plus de place, la mort n'en reste pas moins une affaire de famille, un moment d'arrêt vécu avec une douleur souvent vive par la famille et les proches.

Au phénomène de la mort a toujours été rattaché le rituel qui entoure la mort, un rituel auquel, en dépit de toutes les indifférences apparentes face aux traditions, se raccrochent ceux qui sont le plus profondément touchés. Le rituel permet aux proches qu'il rassemble d'exprimer un adieu solennel et solidaire au défunt. C'est un moment de pause vécu dans le respect le plus profond pour le disparu. Que l'on porte son regard vers le passé ou qu'on le pose sur les multiples coins et recoins de la planète, les rites entourant la mort apparaissent avec une incroyable diversité, selon les croyances religieuses, la culture indigène et l'environnement social.

Le système funéraire hindou est profondément ancré dans un vaste ensemble de concepts et de croyances qui ont façonné la civilisation de l'Inde, une civilisation où la religion apparait plutôt comme une tradition religieuse et culturelle. Le propos de ce livre ne se limite pas à une description détaillée du rituel funéraire hindou. Décrire la crémation ou l'incinération des cadavres au bord d'un cours d'eau peut sembler très simple, mais essayer de cerner ce qui se cache derrière les rites est une tâche beaucoup plus complexe. On ne peut décrire le rituel funéraire sans le situer dans tout le substrat dans lequel il baigne, car il porte le poids d'une vaste et riche tradition aux formes multiples. On ne peut comprendre le rituel funéraire hindou qu'en le replaçant dans la grande tradition religieuse qui a construit ce que, depuis le XIXe siècle, on appelle l'hindouisme.

Ce livre s'adresse à tous ceux qui veulent mieux connaître la culture indienne en général et la grande tradition religieuse appelée hindouisme, à tous ceux qui manifestent un intérêt pour les pratiques rituelles de tous ordres, à tous ceux aussi qui sont soucieux d'enrichir leurs connaissances de la diversité des expériences culturelles ou religieuses.

Le rituel funéraire et postfunéraire hindou nous confronte à une culture bien différente avec ses concepts spécifiques exprimés par des termes souvent intraduisibles dans une langue occidentale. Le travail de traduction de ces termes s'avère parfois délicat, à moins qu'on se satisfasse d'une approximation, ce qui affadit la substance du terme ou de l'expression. Force est alors de conserver ces mots dans leur langue d'origine. Les mots sanskrits utilisés dans ce livre ont été transcrits selon un système simplifié de translittération et ils ont été regroupés dans un index–glossaire pour servir d'aide-mémoire. Le lecteur est prié de se reporter aux brèves notes qui suivent sur la prononciation du sanskrit ainsi qu'à l'index–glossaire à la fin du volume.

Je veux exprimer ma reconnaissance à M. André Couture, indianiste et professeur d'histoire des religions à l'Université Laval, qui m'a encouragée à écrire ce livre et m'a toujours appuyée par ses conseils ou ses suggestions. Il a bien voulu relire attentivement mon manuscrit et me faire part de ses commentaires judicieux. Qu'il en soit remercié !

Je suis aussi reconnaissante au Fonds Cardinal-Maurice-Roy (de Québec) qui m'a accordé une aide pour me permettre de poursuivre les recherches nécessaires à la rédaction des deux derniers chapitres du livre.

Marcelle Saindon

NOTES PRÉLIMINAIRES

Notes sur la translittération des termes sanskrits

Afin de rendre la lecture plus aisée, les termes sanskrits ont été transcrits selon un système simplifié de translittération.

La transcription des mots sanskrits apparaissant dans les citations ou dans les références bibliographiques a été uniformisée selon les mêmes règles.

L'accent circonflexe indique l'allongement de la voyelle (â, î, û).

Le r voyelle est noté ri (*krî*) et n'est pas distingué de la syllabe ri.

La chuintante palatale (*shrâddha*) et la chuintante rétroflexe (*antyeshti*) sont toutes deux notées sh.

Les consonnes rétroflexes habituellement translittérées avec un point souscrit ne sont pas distinguées des dentales (*varna*).

Des traits d'union ont parfois été ajoutés afin de mieux faire apparaître les mots formant un composé (*pârvana-shrâddha*).

Notes sur la prononciation du sanskrit

â, î, û se prononcent avec un allongement de la voyelle

u se prononce ou (*guru* se prononce *gourou*)

e se prononce é (Veda se prononce Véda)

c se prononce tch (*brahmacarya* se prononce *brahmatcharya*)

j se prononce dj (*jâti* se prononce *djâti*)

g est toujours dur (*gîtâ* se prononce *guitâ*; *agni* se prononce *ag-ni*)

Le n après voyelle se prononce sans nasalisation de la voyelle précédente (*karman* se prononce *karmann*; *pinda* se prononce *pin(e)da*)

Les consonnes aspirées kh, gh, ch, th, dh, ph, bh se prononcent comme la consonne simple correspondante, suivie d'une aspiration (*phala* se prononce *p'ala* et non *fala*)

INTRODUCTION

ENDANT que la science médicale moderne fait des prodiges pour déjouer la mort, pour la repousser le plus longtemps possible, et pendant qu'une panolie de services spécialisés occultent la mort, en atténuent la visibilité ou la rendent plus discrète aux yeux de ceux-là mêmes qui seraient profondément touchés, la mort reste encore, en dépit de tout, non pas l'affaire des spécialistes, mais bien une affaire de famille et de lignée. Pour celui qui vient de s'éteindre, la mort marque le terme de sa vie terrestre ou, selon d'autres croyances, la fin d'une existence terrestre, de même que le passage vers un autre monde. Pour les proches, cette mort entraîne un temps d'arrêt dans le cours des activités, une halte souvent douloureuse pour exprimer des adieux à l'être cher qui vient de les quitter. Un temps d'arrêt aussi pour prendre part à des rites qui veulent confirmer la rupture que le défunt vient d'établir avec le monde d'ici-bas et l'accompagner dans son voyage vers l'au-delà.

Dans toutes les civilisations, le cadavre humain et la façon d'en disposer ont toujours fait l'objet de respect. Des cérémonies ou des rites funéraires divers ont de tout temps accompagné le défunt dans son passage du monde terrestre vers le monde de l'au-delà. Toutes les civilisations ont été empreintes par la conscience qu'elles avaient de la mort et par la place qu'elles lui ont faite dans leurs pratiques rituelles. Toutes les traditions culturelles ont relié, d'une façon ou d'une autre, les vivants aux disparus. Les conceptions qu'on s'est faites de l'au-delà et de l'après-vie ont conditionné les attitudes face au phénomène de la mort. Elles se sont traduites, à l'échelle de l'humanité, par un éventail de rituels pour apprivoiser à la fois la mort et l'au-delà, rituels où s'entremêlent des sentiments divers : appréhension ou terreur face à la mort, respect du défunt, crainte de l'après-mort, angoisse même face au caractère inéluctable de la mort et à son impénétrable mystère, désir de se rendre favorables ceux qui habitent le monde de l'au-delà, volonté d'assister le défunt dans l'inconnu de son périple. Les grandes traditions religieuses de l'humanité ont formulé leur propre vision de la mort et de l'au-delà, et chacune a proposé sa réponse au sens de la mort. Toutes reconnaissent la mort comme un passage vers une autre vie, quelle que soit la forme que prend cette vie transmuée.

Du plus profond des âges, l'énigme de la mort a hanté la conscience de l'homme. L'homme a toujours été dérouté et préoccupé, voire obsédé par la grande question de la mort, par le sort de l'être humain après la mort, et de tout temps il a cherché un sens à cette inconnue insaisissable. L'eschatologie, qui est l'étude ou la doctrine des « choses dernières », s'attache à la fin ultime des choses, aux conceptions que les grandes traditions religieuses se font du devenir de l'homme après sa vie terrestre. En cernant la destinée individuelle du défunt, elle scrute les attitudes ou les conceptions concernant l'immortalité de l'âme, la signification des notions de rétribution ou de châtiment, de ciel et d'enfer, de vie dans l'au-delà, de résurrection, ou bien de transmigration, de renaissance.

Et c'est précisément la notion de transmigration, ou la croyance en des vies successives, qui teinte toute la tradition religieuse indienne. En Inde comme ailleurs, la mort est parfois envisagée avec terreur, mais le plus généralement avec un sentiment de crainte révérentielle. Car le concept de transmigration signifie la nécessité, pour l'hindou, de renaitre indéfiniment en fonction des actes posés et de la qualité bonne ou mauvaise de ces actes. Ce qui sous-entend que toute action laisse des traces invisibles, mais profondément imprégnées dans le psychisme, traces qui seront déterminantes pour les conditions des existences ultérieures. Les corps différents empruntés à l'occasion de chacune des renaissances ne sont que les vêtements que l'*âtman*, ou le principe transmigrant, revêt dans son périple à travers la suite des existences.

La croyance en la transmigration n'a pourtant rien d'un dogme auquel l'hindou serait tenu de croire en raison de son appartenance à une religion. L'hindouisme n'est pas une religion au sens où on l'entend habituellement, mais plutôt une tradition religieuse et culturelle aux visages multiples. La croyance en la transmigration est commune à toutes ces façons d'être hindou ; elle est partie intégrante du bagage culturel que l'hindou reçoit à sa naissance et du mode de vie dans lequel il baigne. Il grandit dans cette croyance, dans un environnement où la tradition familiale transmise de génération en génération tient lieu de norme religieuse, culturelle et sociale. C'est pour ainsi dire à son insu, de façon toute naturelle, qu'il s'imprègne de cette tradition, en voyant agir et vivre ses parents et ses proches. Et c'est de son père, qui l'avait lui-même appris de son propre père, qu'il apprend à célébrer les rites funéraires pour les défunts de la famille, de même que les rites postfunéraires pour les ancêtres de sa lignée. Il perpétue la tradition qui porte les teintes de la lignée ancestrale. Pour des yeux étrangers, une tradition qui concilie rites pour les ancêtres et croyance aux renaissances successives a quelque chose de paradoxal. Mais l'hindou perçoit les choses autrement.

Les rites funéraires pratiqués de nos jours sont les héritiers d'une riche tradition religieuse et culturelle prenant sa source dans le passé le plus lointain de l'Inde. Bien qu'elle soit un rite privé, la crémation se fait en plein air, au bord d'un cours d'eau, non pas par crainte que des étincelles ne s'échappent du bûcher funéraire, mais parce que les fleuves et les rivières ont des pouvoirs spirituels extrêmement bénéfiques. Nombre de crémations se déroulent dans le calme aux abords d'une rivière champêtre, loin de la cohue des grands centres. Quand la chose est possible toutefois, on privilégie la célébration des rites funéraires sur la rive du Gange, aux endroits de pèlerinage réputés être les plus bénéfiques. Le plus célèbre site de crémation se trouve à Vârânasî (Bénarès), sur le Gange, le plus grand des fleuves sacrés de l'Inde. À Vârânasî, une portion de la rive est réservée aux crémations, à l'écart du va-et-vient bruyant, tonitruant à certains moments, des dévots et des pèlerins qui se croisent sur les *ghât*, les immenses escaliers de pierre, les uns descendant pour aller faire leurs ablutions dans les eaux du Gange, les autres remontant les marches vers la ville. Les activités entourant le bain rituel commencent avec le lever du soleil et, dans un constant mouvement de marée humaine, battent leur plein toute la matinée avant que le soleil ne devienne trop ardent.

Mais en retrait, sur les *ghât* réservés aux crémations, l'activité se poursuit sans répit, une activité qui n'a rien de commun avec la fébrilité que l'on peut observer sur les *ghât* fréquentés par la masse des croyants. De nombreuses embarcations chargées de bois servant à l'empilement des bûchers s'alignent tout le long du site et des hommes s'affairent à les décharger. Le tableau d'ensemble permet de voir tous les stades de la cérémonie funéraire. Ici, un début d'empilement de bois pour dresser un bûcher. Là, un bûcher empilé sur lequel on a déposé le cadavre, comme sur un lit, et qu'on est en train de recouvrir d'une légère couche de bois en sens inverse. Ailleurs, un amas de cendres fumantes, ou encore des traces d'une crémation terminée qu'on efface après que les cendres ont été recueillies. Ici et là, des bûchers flamboyants, ou bien agonisants, à des étapes différentes de leur œuvre. Et à côté, comme dans une antichambre ou une salle d'attente, des familles qui attendent leur tour près de leurs défunts recouverts d'un linceul et retenus par des lanières à une civière de bambou. Le rituel de la crémation est dirigé par des brahmanes attitrés à cette fonction et assistés par des intouchables spécialisés dans cette tâche ingrate en raison de l'impureté rituelle rattachée au cadavre. C'est le fils aîné ou le parent mâle le plus proche qui allume le feu crématoire, et la cérémonie, à laquelle les femmes n'assistent pas, dure de trois à quatre heures. Puis les cendres sont recueillies afin d'être ensuite dispersées dans un fleuve, de préférence le Gange. La crémation terminée, tous ceux qui étaient présents et tous les proches du défunt devront vivre une période de deuil, de durée variable selon les catégories sociales, et ils devront se soumettre à des rites de purification pour se défaire de la contamination de la mort. Car tout ce qui entoure la mort est porteur de souillure ou d'impureté, et tous ceux qui ont côtoyé le cadavre sont pollués, à des degrés divers, selon leur place dans le système des castes qui tient lieu d'organisation sociale et religieuse.

La description de la crémation hindoue peut paraître chose très simple, mais on risque fort de n'y avoir compris que peu de choses si l'on ne tient pas compte de tout un ensemble de considérations qui tissent la réalité indienne. Le danger est grand de tout réduire à une vision furtive et superficielle qui a bien peu à voir avec le sens des gestes et des cérémonies qui se déroulent. Le rituel hindou de la crémation est très éloigné de la crémation ou de l'incinération occidentale. Les rites qui composent le rituel funéraire seront donc examinés ici non pas indépendamment, mais dans l'ensemble des concepts, croyances ou représentations dans lesquels ils baignent et qui sont la survivance d'une vaste et riche tradition religieuse et culturelle. Faire abstraction de tout ce contexte serait l'équivalent d'isoler un membre d'un corps vivant, ce serait le disloquer, ne pas tenir compte de ce qui le fait subsister, ni du soutien que lui-même apporte à ce corps. À travers les notions qui serviront à articuler ce parcours sera constamment présente l'image du fil tendu pour construire la trame d'un tissu, du fil jamais rompu pour la bonne continuité du tissage : durée de l'effet des rites, enfilade des existences, continuité des générations, lignée, descendance, continuité biologique et continuité de la pratique rituelle, liens entre les vivants et les morts. Tout cela est lié dans cette vision du monde.

CHAPITRE

Aux sources du rituel funéraire hindou : le sacrifice védique

E N Inde, rien n'est simple, rien n'est clairement établi. L'Occidental qui aurait la prétention de pouvoir aisément capter les choses, de les isoler les unes des autres, de les disséquer et de les ramener à des schémas englobants et clairs, s'illusionne et se fourvoie. S'il est vrai que dans toute l'histoire de sa civilisation l'Indien a porté à son paroxysme l'art des distinctions, des catégories, des divisions et sous-divisions, il est en revanche erroné de prétendre qu'il soit possible de compartimenter une notion indienne, de l'analyser et de la saisir en soi, indépendamment de tout le substrat dans lequel elle baigne. L'Inde connaît mal la ligne droite, le parcours direct de la flèche, le déroulement linéaire de la pensée. Elle pense et vit autrement. Elle préfère les détours et les sinuosités qui ramènent au cœur des choses. Son expression se construit et se déploie autour d'un axe qu'on peut déplacer ou retourner à volonté selon les perspectives envisagées. Elle est une virtuose des jeux en cercles concentriques, des emboîtements, des encastrements, des spirales qui s'aspirent les unes les autres, des répercussions en écho, des retours cycliques et des recommencements incessants. Elle se plaît dans les fils inlassablement tendus, mais dont on a du mal à retrouver le point d'attache. Elle se délecte dans les entrelacements, les enchevêtrements, les réseaux qui s'appellent et se répondent. Elle raffole des constructions, des structures savamment organisées et qui savent si bien égarer par leur apparence d'éparpillement. Elle aime les récits, et quand elle raconte, elle est intarissable comme l'eau de l'océan, elle folâtre dans les situations labyrinthiques et nous entraîne dans des méandres vertigineux dont elle a le secret et la maîtrise exquise.

Richesse inventive et à la fois poids énorme de la tradition : l'Inde n'en est pas à une contradiction près. Mieux que toute autre, elle a toujours su tirer parti des oppositions, des courants divers, des idées nouvelles. Elle a toujours excellé dans l'art d'englober sans rien exclure de ce qui s'y trouvait déjà, d'intégrer les innovations dans la tradition et, aussi paradoxal que cela puisse sembler, de renouveler constamment la tradition, de la parachever sans cesse. Au rejet des initiatives, aux bouleversements bruyants, l'Inde a toujours préféré les accommodements ou les ajustements. Codifications diversifiées au gré des écoles de pensée, pratiques rituelles particularisées selon les castes et les sectes, rigorisme et en même temps souplesse et tolérance. Et c'est de façon quasi imperceptible que l'Inde védique ancienne, c'est-à-dire l'Inde de l'époque des Veda, s'est peu à peu transformée dans un long processus continu, et qu'elle a abouti à une société renouvelée vivant ce que, des siècles plus tard, on a convenu d'appeler l'hindouisme. Point étonnant d'y retrouver des recommencements sans cesse repris, des distinctions, des particularités à foison, mais aussi des superpositions parfois mal agencées, des chevauchements, des démarcations impossibles à établir.

La réalité indienne est complexe et elle ne se laisse pas aisément cerner. Elle se dérobe constamment dans la diversité même de ses expressions, dans la multiplicité de ses tentacules partout déployés. Les explications verbales sont toujours retenues, graduées, suspendues, toujours à être poursuivies. Elles ne sont toujours qu'entamées. À l'image de la langue sanskrite qui dote la plupart de ses mots de plusieurs significations, et dont l'éventail peut être parfois impressionnant, l'énoncé ou le discours se plaît à jouer sur les doubles et, parfois, les triples sens. Non pas pour tromper ni abuser, mais pour la fascination et la beauté de la chose, pour sa richesse aussi, par souci calculé de ne pas tout dévoiler, de ne pas tout étaler, de ne pas franchir une zone pour ainsi dire protégée. Réserve toute naturelle sur laquelle s'édifie l'énigme indienne. Le véritable sens d'un énoncé, d'une phrase se trouve souvent sous le sens premier, tout comme l'explication d'un comportement ou d'une situation est le plus souvent fonction de tout un ensemble de considérations qu'on ne saurait ramener à quelques traits simplifiés. Tant pis pour celui qui n'aura pas été disposé à mettre le temps pour y voir un peu plus clair. Il aura cru saisir une réalité, mais la réalité lui aura échappé.

L'examen du rituel funéraire fournit une merveilleuse occasion de vérifier à quel point les concepts indiens sont imbriqués dans un tissage serré. Il permet, par le fait même, de mesurer la difficulté d'isoler une notion ou un concept de tout son contexte. Tout se tient et tout se présente par grappes, par réseaux. Derrière la crémation ou la cérémonie qui consiste à brûler le cadavre sur un bûcher funéraire, il y a tout un faisceau de résonances qu'il serait dommage d'ignorer. Parler des rites funéraires peut paraître très simple, mais par delà la relation des cérémonies ou la description des rites observables, il y a le poids de toute la tradition d'une civilisation, même si les acteurs modernes de la scène n'en sont plus toujours très conscients, même si la répétition des gestes, génération après génération, leur en a fait un peu oublier les raisons. Parler de tradition en Inde, cela signifie devoir souvent remonter dans un passé très lointain. Corrélativement, cela implique aussi la prise en compte des interrelations constantes entre rites, mythes et croyances, ainsi que des particularismes engendrés par les groupes divers, les castes, les sectes, et par les situations régionales. Tout l'intérêt réside dans l'exploration de la toile de fond ou du fond de scène, dans le regard posé derrière les gestes rituels, peut-être mécaniques, pour dégager les ficelles qui les relient à la tradition, à l'histoire de l'Inde. Scruter cette toile de fond à l'aide des textes sanskrits pour jeter la lumière sur un rituel toujours vivant, voilà ce qu'entend faire ce livre.

Le rituel funéraire sera donc envisagé ici comme un système avec une organisation d'éléments comportant sa logique propre. Car le rituel funéraire indien est un rituel complexe et engageant qui s'étend bien au-delà des rites qui vont suivre le décès et mener à la crémation. Le principe vital du défunt, qui n'est pas détruit par le feu du bûcher, doit faire l'objet de préoccupations dès la cérémonie de la crémation terminée. C'est le devoir du fils et des descendants d'y veiller avec vigilance. Il en va du bien-être des défunts dans l'au-delà et, par voie de retour, du bien-être des vivants qui assurent ces rites aux défunts et ancêtres de leur lignée. Après la célébration des rites funéraires proprement dits, il y a donc un second volet indispensable au rituel funéraire, il y a donc un rituel postfunéraire, très riche dans son système de représentations et dans sa complexité. Et ce rituel est encore assez peu connu hors de l'Inde. Nécessaire mais insuffisante pour assurer l'intégration du défunt dans le monde de l'au-delà, la crémation doit être complétée et parachevée par les rites postfunéraires appelés *shrâddha*. Parallèlement, le rituel funéraire indien est également l'aboutissement de tout un ensemble de rites qui jalonnent la vie de l'individu, qui jalonnent aussi sa vie quotidienne, et qui sont commandés par un souci ou, plutôt, un impérieux besoin de sauvegarder l'ordre, cette idée du bon ordre universel et du devoir individuel que recouvre la notion de *dharma*. Le rituel funéraire est nourri d'une longue tradition, et les propos des deux premiers chapitres de ce livre veulent essayer de faire voir, d'une part, comment il est l'héritier du sacrifice ancien, le sacrifice védique et, d'autre part, comment il est l'aboutissement d'une série de rites dont le but est le perfectionnement de l'individu.

L'acte par excellence : l'acte rituel

Sans entrer dans les précisions et les raffinements que pourraient en donner les anthropologues ou les ethnologues, on peut définir le rituel, au sens large du terme, comme étant l'ensemble des règles qui régissent la célébration d'une cérémonie ou l'exécution d'une pratique habituelle. Le rituel est constitué d'un nombre plus ou moins élevé de rites, d'actions à exécuter selon des normes prescrites qu'il faut observer scrupuleusement. Le rite est une partie ou un moment du rituel ; il est une portion délimitée dans un ensemble donné appelé rituel. Ainsi le rituel funéraire est-il composé d'une diversité de rites à accomplir selon des procédures déterminées et selon une séquence prévue.

L'acte rituel, quel qu'il soit, est nommé, dans la langue sanskrite, par le mot *karman*, mot qui vient de la racine verbale *kri*, « faire, agir, accomplir », racine dont les ramifications accompagneront la démonstration tout au long de ce livre. C'est le sens premier du mot *karman*. Ce mot a ensuite été utilisé pour désigner toute action de la vie quotidienne, si banale soit-elle. Il n'y a donc pas de mot sanskrit réservé à la désignation de l'action quand elle a rapport au rite ; le mot *karman* est couramment employé pour toute activité, qu'il s'agisse des gestes de la vie quotidienne ou qu'il s'agisse de l'activité rituelle. En contexte rituel, le mot *karman* désigne à la fois l'acte rituel et le rite lui-même parce que toute la tradition indienne considère que l'acte par excellence, c'est le rite, et que ce sont les rites instaurés par les dieux qui servent de normes aux rites des humains. C'est le même mot aussi qui a connu beaucoup de vogue avec le développement de la doctrine de la rétribution des actes (*karman*) et de la transmigration, qu'on appelle couramment la doctrine du *karman* et des renaissances. L'acte rituel est fait de toutes sortes de gestes, de manipulations, de mouvements, en somme d'activités physiques qui sont accompagnées de chants, d'invocations, de récitations de versets védiques ou de formules rituelles appelées *mantra*, formules qui doivent être énoncées ou murmurées au moment opportun, et de la manière prévue. Bref, les rites sont des activités réglées comme un scénario et répétées sans cesse de la même façon.

Tout le déroulement de la vie de l'hindou est ponctué par des rites. Depuis sa naissance jusqu'à sa mort, depuis le lever du jour jusqu'à la tombée de la nuit, sa vie est rythmée par des rites quotidiens ainsi que par des rites occasionnels rattachés à des étapes de sa vie ou à des occasions particulières. De plus, toutes ses activités sont régies par des normes, des prescriptions et des interdits qui lui dictent la conduite à tenir dans à peu près toutes les circonstances. Quelle que soit sa caste, tout hindou est concerné par ces règles de conduite et il l'est d'autant plus qu'il occupe un statut élevé dans la hiérarchie sociale. Ce sont les brahmanes, ceux qui se situent au sommet de la pyramide, qui sont les plus touchés par les injonctions et les interdits, et ce sont eux qui sont tenus à l'accomplissement du plus grand nombre de rites. La caste et le statut qui lui est rattaché sont le fait de l'hérédité, et chaque hindou a le devoir impérieux de conformer sa conduite aux préceptes de sa caste. À l'intérieur même de ces formes multiples du devoir d'état, de ces individualisations de la norme, les moments les plus déterminants du parcours de vie sont la naissance, le mariage et la mort. Parce que ces étapes de vie sont les plus marquantes, il est normal qu'elles soient soulignées par des rites qui sont de la plus grande importance. Et c'est dans les rites funéraires que se situe le point culminant.

Les rites domestiques et les rites solennels

Selon la circonstance et selon la fréquence de célébration, les rites sont de trois ordres : il y a des rites *nitya* ou obligatoires, des rites *naimittika* ou occasionnels, et des rites *kâmya* ou facultatifs. Les rites *nitya* sont les rites obligatoires, réguliers et permanents, qui s'étendent à toute la durée d'une vie. Certains sont des rites quotidiens, d'autres doivent être célébrés selon des dates déterminées par le calendrier lunaire. Ces rites sont régis tout autant par la *shruti*, « l'audition » ou la révélation (de *shru*, « entendre »), que par la *smriti*, la « mémoire » ou la tradition (de *smri*, « se souvenir »). L'omission constitue une faute ou un manquement au *dharma*, tandis que l'exécution fidèle ne comporte aucun mérite. Le caractère d'obligation des rites *nitya* fait qu'on les exécute sans avoir en vue un profit à retirer, un fruit à récolter. Car c'est bien le mot *phala* (prononcez *p'ala*), « fruit », qu'on utilise en Inde pour désigner les avantages ou les bienfaits qu'on peut retirer de la célébration d'un rite, et ce terme *phala* est le même qui désigne le fruit d'un arbre. On accomplit les rites *nitya* non pas pour en recueillir les fruits, mais pour obéir au *dharma*, à la loi, bien que la fidélité aux rites puisse, en soi, avoir des répercussions heureuses. Les rites *naimittika* sont des rites occasionnels rattachés à des circonstances ou des événements particuliers, comme la naissance d'un enfant ou la mort d'un membre de la famille. Font aussi partie des rites occasionnels les rites de l'accueil de l'invité, les rites à l'occasion de la construction de maisons, de puits, les rites d'entrée dans une nouvelle maison, les rites reliés à l'agriculture, à l'élevage, les rites expiatoires, propitiatoires, etc. Quant aux rites *kâmya*, ce sont des rites facultatifs célébrés dans un but intéressé, en vue d'un fruit précis, de faveurs spéciales ou d'avantages personnels, comme une descendance, la santé ou une longue vie. Un rite facultatif (*kâmya*) peut s'ajouter à un rite occasionnel (*naimittika*) pour en augmenter l'efficacité. Tous les rites allient gestes et parole, gestes rituels et récitation de *mantra*.

Depuis l'époque très ancienne, celui qui est au centre de l'activité rituelle, c'est le *grihastha*, le maître de maison. Il doit remplir des obligations rituelles, c'est-à-dire qu'il doit célébrer des rites qui requièrent l'utilisation d'un feu (*agni*) appelé *grihyâgni*, « feu domestique ». On donne le qualificatif *grihya*, « domestique » (de *griha*, « maison »), à ce feu, de même qu'aux rites accomplis à l'aide de ce feu. C'est par le mariage, dont le cérémonial exige la présence du feu domestique, que le jeune homme inaugure sa vie de maître de maison, de *grihastha*. Le mariage est célébré à la maison du père de la jeune fille et le feu qui sert à la cérémonie vient du foyer ou du feu domestique du père de la nouvelle épouse. Le rite décisif du rituel du mariage, celui qui consacre l'union des époux et qui détermine la validité du rituel, c'est le rite des sept pas (*saptapadî*) autour du feu sacrificiel : le jeune époux conduit son épouse autour du feu et la fait tourner vers la droite, direction propice, c'est-à-dire en gardant le feu à leur droite. Le feu de la cérémonie nuptiale est généralement transporté dans un pot d'argile cuite à la maison des nouveaux époux, il est mis en place dans ce nouveau foyer selon les règles rituelles, et il devient le feu domestique sacrificiel, le *grihyâgni*, du nouveau couple. Sinon, un nouveau feu est mis en place à un moment propice déterminé selon les astres. Le feu domestique est installé dans un foyer dans la partie est ou nord-est de la maison, ce qui est la direction des divinités. Devenir maître de maison, cela signifie donc prendre une épouse pour fonder un foyer ainsi que fonder le feu sacrificiel dans le foyer dit domestique. Les deux sens les plus communs du terme « foyer » se trouvent ainsi harmonieusement fondus : l'espace aménagé pour recevoir le feu et, par extension, le lieu et l'expression de la vie familiale.

Dans la tradition, l'entretien de ce nouveau feu incombait aux deux époux ; c'est ce feu qui était au cœur du culte domestique, qui servait aux rites qui étaient célébrés dans ce foyer. Les époux devaient le maintenir pendant toute leur vie commune. S'il venait à s'éteindre, ils devaient le remplacer en faisant naître un nouveau feu par le rite de l'*agnimanthana*, c'est-à-dire par barattage ou par friction de deux plaquettes de bois. Le maître de maison est encore de nos jours le sacrifiant habituel dans les rituels domestiques ; dans certains cas, l'épouse, le fils, le disciple peuvent cependant le remplacer. L'épouse a toujours été associée aux célébrations rituelles ; elle doit être présente, même si sa participation active est plus effacée. La célébration de certains rites exige aussi la présence et l'intervention d'un brahmane. Dans l'Inde ancienne, le maître de maison devait chaque jour honorer le feu par des offrandes de lait, de riz ou d'autres substances végétales, et spécialement de beurre fondu, oblations qui étaient versées ou jetées dans le feu, et qui devaient toujours être accompagnées de la récitation de *mantra*, de formules védiques. Ces offrandes dites *homa*, qui se faisaient sur un petit espace dégagé pour recevoir le feu ou un petit autel domestique aménagé à cette fin, s'adressaient à différentes divinités et se terminaient toujours par l'offrande à Agni, le dieu Feu. Elles étaient essentielles à la plupart des rites domestiques. À la base du rituel du maître de maison de l'Inde ancienne, il y avait les *mahāyajña*, les cinq « grands sacrifices » quotidiens obligatoires[1] ; deux de ces sacrifices, le sacrifice aux dieux et le sacrifice aux ancêtres, exigeaient la présence du feu sacrificiel domestique. Le feu domestique était utilisé pour la dernière fois pour allumer le bûcher funéraire du maître de maison.

Parmi les maîtres de maison, certains célébraient des rites dits solennels qui nécessitaient l'utilisation non pas d'un seul feu, mais de trois feux sacrificiels installés sur un emplacement près de la maison. Celui qui célébrait ces rites était un maître de maison *āhitāgni*, « qui a installé ses feux », les trois feux nécessaires à la célébration des rites solennels, rites que le maître de maison ordinaire qui n'avait qu'un feu

---

1. Pour une description du rituel *homa* et des *mahāyajña*, voir Ram Gopal, *India of Vedic Kalpasūtras*, Delhi, Motilal Banarsidass, 1959 : 380-395.

ne pouvait célébrer. Les rites solennels se distinguaient donc des rites domestiques par cette présence des trois feux dont la mise en place constituait en soi un rituel important. Ces trois feux se différenciaient l'un de l'autre par la forme du foyer — l'un circulaire, l'autre carré, et l'autre semi-circulaire ou en demi-lune —, chacun ayant sa fonction rituelle propre. Les rites accomplis à l'aide de ces feux étaient dits *shrauta* parce qu'ils relevaient de l'autorité de la *shruti*, la parole éternelle qui a été «entendue» par des *rishi* ou des sages, à l'époque préhistorique de l'Inde. Cette parole de vérité a été transmise oralement, de génération en génération, puis consignée dans les quatre Veda et dans un certain nombre d'autres textes qui font partie de la *shruti*. Parce que le mot *shrauta* («relatif à la *shruti*, la révélation») est difficile à traduire, les indianistes ont pris l'habitude, lorsqu'il s'applique aux rites, de le rendre par «solennel». Chaque jour, à l'aube et à la nuit tombante, le maître de maison *âhitâgni* devait célébrer le rituel solennel le plus simple, l'*agnihotra* ou l'«offrande au feu», offrande faite de lait et parfois de matières végétales. À la mort de l'*âhitâgni*, ses feux et ses ustensiles sacrificiels étaient détruits avec lui sur le bûcher funéraire. Même si cela peut sembler étonnant, les maîtres de maison *âhitâgni*, comme en a connu l'Inde au cours de son histoire, ne sont pas complètement disparus. Différentes recherches menées entre les années 1955 et 1980 ont établi qu'au cours des cent dernières années, il y aurait eu environ six cents *âhitâgni* en Inde[2].

Les rites doivent être renouvelés, refaits constamment, de façon régulière ou périodique, selon le cas, car la nature des effets de l'acte rituel est de n'être pas durable. Quoique distincts, les rites solennels et les rites domestiques sont liés, et il n'est pas toujours facile d'en délimiter les frontières, les uns empiétant pour ainsi dire sur les autres ou étant présupposés à d'autres. Certaines cérémonies ont une version *shrauta* ou solennelle ainsi qu'une version *grihya* ou domestique et leurs descriptions se retrouvent dans les deux séries de textes spécialisés correspondants. C'est le cas des rites funéraires ; ces cérémonies sont considérées comme des

---

2. L'indianiste américain Frits Staal a fait état de ces différentes recherches dans *Jouer avec le feu. Pratique et théorie du rituel védique*, Paris, De Boccard, 1990 : 41-42.

rites domestiques, mais dans le cas du maître de maison *âhitâgni* qui a installé ses trois feux, les rites deviennent solennels. Parallèlement, il existe des rites — dont on peut dire qu'ils seraient une variété de rites domestiques — qui viennent ponctuer les moments importants de la vie de l'homme, depuis la conception jusqu'à la mort. Ce sont les *samskâra*, les rites de perfectionnement qui marquent les grandes étapes de l'existence et qui sont des rites de passage d'un état à un autre état plus perfectionné. Ces rites rendent capable de franchir sans heurt le pont vers une nouvelle étape de vie et ils donnent la qualification ou l'habilitation pour accomplir certains rites ou certaines fonctions. Les rites funéraires — ou crémation — constituent le dernier des *samskâra*, le dernier des rites perfectifs. Nous verrons comment.

La source de l'interprétation des rites : le sacrifice ancien

Pour être en mesure de percevoir comment s'intègre l'ensemble du rituel funéraire et postfunéraire dans la masse des activités rituelles de la civilisation indienne, on ne peut faire l'économie d'une incursion jusque dans le rituel védique ancien, clef, source et fondement de l'interprétation des rites qui sont demeurés vivants. La forme la plus complète de l'acte rituel, et le modèle de tout acte rituel, c'est le rite sacrificiel ou sacrifice védique. C'est même sur le sacrifice que reposait toute la religion védique. L'Inde hindoue connaît une multitude de divinités, depuis les grandes divinités, comme Shiva et Vishnu, jusqu'aux divinités locales, de villages ou de sectes. Elle est aussi couverte d'innombrables temples, des plus humbles, des plus minuscules, jusqu'aux grandioses et vastes ensembles que sont les temples du Sud, chacun dédié à une divinité. Mais dans l'Inde védique, il n'y avait ni images de la divinité ni temples. C'est le sacrifice qui tenait lieu de culte, et il n'y avait pas de lieux fixes réservés à la célébration des grands sacrifices solennels. Il fallait chaque fois délimiter le site sacrificiel et le fonder de façon solennelle selon des normes précises[3]. Et il fallait chaque fois procéder à l'installation solennelle des feux nécessaires à la cérémonie.

Le védisme, ou la religion du Veda, désigne la religion indienne sous sa forme la plus ancienne qui soit attestée par des textes. C'est la forme primitive de l'hindouisme. Le mot Veda signifie « le Savoir », « la Science (par excellence) » ; il désigne un ensemble considérable de textes dont la rédaction s'étendrait, peut-on estimer, entre le XVe siècle et le Ve siècle avant notre ère. Les plus anciens textes du Veda, ce sont les quatre recueils ou collections d'hymnes en vers, les *samhitâ*, qui forment ce qu'on appelle généralement les quatre Veda. Ce sont le *Rig-Veda* ou « Veda des strophes, des stances », une collection de 1028 hymnes de louanges ou prières à l'adresse des multiples divinités ; le *Yajur-Veda* ou « Veda des formules », recueil qui contient les *mantra* ou formules rituelles dont la récitation doit accompagner les actes rituels ; le *Sâma-Veda* ou « Veda des mélodies », recueil des strophes destinées à être chantées et qui sont accompagnées de notations musicales ; finalement l'*Atharva-Veda*, plus tardif que les trois premiers, recueil comportant surtout des prières à caractère magique ou des formules propres à des cérémonies particulières[4]. La célébration des grands rituels sacrificiels solennels exigeait les services de quatre catégories d'officiants du sacrifice spécialisés dans les fonctions commandées par la spécificité de chacun des quatre Veda. Ces quatre collections d'hymnes qui forment les plus anciens textes du Veda orientent toute l'attention vers les dieux qu'on louange et auxquels on fait des oblations dans un culte reposant essentiellement sur le sacrifice.

Dans le vaste corpus des textes védiques, après ces quatre collections d'hymnes du Veda, viennent les nombreux

---

3. Voir Charles Malamoud, « Sans lieu ni date. Note sur l'absence de fondation dans l'Inde védique », dans Marcel Detienne (dir.), *Tracés de fondation*, Bibliothèque de l'École des hautes études, vol. 93, Louvain–Paris, Peeters, 1990 : 183-191.
4. Voir l'introduction du philologue et indianiste Louis Renou dans *Hymnes spéculatifs du Véda*, traduits du sanskrit et annotés, coll. « Connaissance de l'Orient », Paris, Gallimard / Unesco, 1956.

brâhmana qui sont des commentaires ou des interprétations sur le *brahman*, la parole védique. Les *brâhmana* auraient été composés entre le Xe siècle et le VIe siècle avant notre ère. La tradition indienne les considère comme étant la suite et le complément des *samhitâ*, ou recueils du Veda, et faisant donc partie du Veda. Ce sont des écrits en prose qui exposent la doctrine du sacrifice et fournissent, par des argumentations serrées et par l'utilisation constante de références aux réalités quotidiennes, des justifications théologiques aux gestes rituels de la liturgie védique[5]. Ils sont centrés sur le sacrifice, ses modalités, sur les raisons d'être des gestes ou rites du sacrifice et leur signification ainsi que sur son symbolisme. Le plus important, et aussi le plus long des *brâhmana*, est le *Shatapatha-Brâhmana*, ou « *Brâhmana* des cent chemins ». Il aurait été composé vers le VIIIe siècle avant notre ère[6]. C'est le seul *brâhmana* qui sera cité dans ce livre.

Toute cette doctrine du sacrifice est due à l'habileté des savants brahmanes, les auteurs des *brâhmana*, qui, sachant exploiter la croyance en une multitude de forces ou de puissances cosmiques déifiées dont dépendaient forcément les humains, se sont ingéniés à systématiser et à édifier une conception de l'univers ordonnée à des fins pratiques. Ils se sont appliqués à faire connaître ces divinités cosmiques (Soleil, Aurore, Vent, Foudre, Pluie...), et les autres divinités du panthéon védique, afin d'être en mesure de ruser avec elles. C'est la répétition du rite qui maintenait l'ordre cosmique, qui faisait que le soleil réapparaissait chaque matin, que la pluie pouvait tomber pour assurer la nourriture des humains, que l'année tournait, que les saisons revenaient. L'énergie propre du sacrifice en faisait le fondement de l'univers ainsi que la source de toute prospérité du roi, du royaume et des sujets. Il permettait surtout de préparer sa place au ciel. Cependant, le sacrifice comportait un grave

---

5. Voir l'introduction de Jean Varenne dans *Mythes et légendes extraits des Brâhmanas*, traduits du sanskrit et annotés, coll. « Connaissance de l'Orient », Paris, Gallimard / Unesco, 1967.
6. Il en existe une traduction en anglais : *The Shatapatha-Brâhmana*, traduit par Julius Eggeling, coll. « Sacred Books of the East », vol. 12, 26, 41, 43 et 44, Oxford, 1882-1900 (réimprimé à plusieurs reprises).

danger : il mettait en jeu des puissances ou des forces redoutables, trop redoutables pour que quiconque puisse s'y aventurer seul. Il fallait être en possession de la science du sacrifice, en connaître les rouages, le mécanisme et les significations. Et ce spécialiste du sacrifice, c'était le brahmane. C'est de sa science védique que le brahmane tirait tout son prestige.

Lorsque Henri Hubert et Marcel Mauss ont publié en 1899 leur célèbre « Essai sur la nature et la fonction du sacrifice[7] », l'importance du sacrifice védique indien était déjà connue en Europe par un bon nombre d'éditions et de traductions de textes sanskrits. C'était à la demande de Mauss que Sylvain Lévi avait fait en 1896-1897 un cours portant sur la doctrine du sacrifice védique, cours qui fut publié en 1898 sous le titre *La doctrine du sacrifice dans les Brâhmanas*[8], et qui reste un livre fondamental sur le sacrifice. Hubert et Mauss ont voulu dégager un schéma général de la structure du sacrifice à travers quelques systèmes religieux, et c'est l'Inde védique qui leur a fourni la partie substantielle des matériaux. Leur essai, réédité et souvent mentionné, et qui a été fort utile à l'anthropologie religieuse, reste toujours valable par ses considérations générales sur l'univers védique bâti autour du sacrifice.

Dans l'étude du rituel, les difficultés premières — qui comportent au moins l'avantage de préserver de conclusions trop hâtives — viennent des prémisses ou des positions de départ ainsi que des méthodologies de travail. Par exemple, pour arriver à découvrir ce qu'étaient ces rituels d'une époque très ancienne de l'Inde, vaut-il mieux se fonder sur les textes sanskrits anciens ou bien sur les enquêtes de terrain ? Autre exemple : faut-il postuler la priorité des croyances par rapport aux rites ou bien, au contraire, admettre que les rites ont précédé les croyances et les mythes explicatifs ? Il n'y a évidemment lieu ici que de signaler au passage l'amplitude de ces problèmes d'ordre méthodologique qu'on ne saurait

---

7. Henri Hubert et Marcel Mauss, « Essai sur la nature et la fonction du sacrifice », *Année sociologique*, 1899, repris dans Marcel Mauss, *Œuvres 1. Les fonctions sociales du sacré*, Paris, Éd. de Minuit, 1968 : 193-354.
8. Sylvain Lévi, *La doctrine du sacrifice dans les Brâhmanas*, Paris, 1898, réédité avec une préface de Louis Renou, Paris, Presses universitaires de France, 1966.

ignorer. Les approches diversifiées, et peut-être inégalement fécondes, peuvent néanmoins aider à porter un éclairage agrandi sur le sujet d'étude, à contrebalancer les excès et les lacunes et, finalement, peuvent amener à ébranler des certitudes qui auraient été trop facilement acquises.

L'une des hypothèses les plus tranchées, c'est celle de l'indianiste américain Frits Staal qui affirme que les rites précèdent les croyances et que les actes rituels sont des actes purs, sans but et sans signification, ce qu'il désigne par l'expression « *the meaninglessness of ritual*[9] ». Staal se cantonne à la mécanique du rituel védique. En dépit de sa force de persuasion, son hypothèse reste controversée. À l'opposé, il y a tout un courant qui poursuit l'analyse de la doctrine du sacrifice solidement amorcée, à la fin du siècle dernier, par Sylvain Lévi, sur la base des interprétations de l'énorme littérature des *brâhmana*[10]. À la suite de Lévi, ces indianistes ont reconnu la conception mécaniste du sacrifice et ont continué à investiguer les récits mythologiques qui les soutiennent ainsi que les innombrables spéculations brahmaniques sur le rituel. L'ethnologue Olivier Herrenschmidt, qui pratique depuis 1963 un travail de terrain pour étudier les rituels de l'hindouisme populaire des basses castes, avoue être à l'écoute des indianistes qui lui « donnent accès au discours du brahmane sur sa société, qui est le seul à se vouloir — et à être — totalisant[11] ». Les considérations qui vont suivre concernant le sacrifice ou le rituel védique sont empruntées aux travaux éminents de Sylvain Lévi, Lilian Silburn, Madeleine Biardeau et de Charles Malamoud.

Le cadre général de célébration des grands sacrifices

Abstraction faite de toutes les extravagances qu'il a pu comporter, le sacrifice védique était construit autour d'un schéma conceptuel de base qui est commun à tous les sacri-

---

9. Frits Staal, « The Meaninglessness of Ritual », *Numen* 26,1 (1979) : 2-22. Staal a fermement réaffirmé sa position dans *Jouer avec le feu...*, 1990.
10. S. Lévi, *La doctrine du sacrifice...*
11. Olivier Herrenschmidt, *Les meilleurs dieux sont hindous*, Lausanne, L'Âge d'homme, 1989, quatrième de couverture.

fices particularisés. Il y avait d'abord une préparation plus ou moins longue du sacrifiant, celui qui offrait le sacrifice, et de son épouse, ainsi que de la matière qui allait être offerte. Dans les sacrifices quotidiens les plus simples, la préparation consistait à se purifier par des ablutions ou un bain rituel et à revêtir des vêtements propres. Dans les sacrifices solennels les plus longs et les plus complexes, cette période de consécration (la *dîkshâ*) pouvait durer jusqu'à douze jours. Ce rite préparatoire avait pour but de rendre le sacrifiant rituellement pur et de lui conférer un état divin pour la durée du sacrifice, car le propre du sacrifice était de faire passer, de façon provisoire, dans le monde des dieux. On disait que le sacrifice était une barque menant au ciel[12], une nef sur laquelle s'embarquait celui qui entreprenait le sacrifice. Le sacrifiant offrait le sacrifice pour lui-même afin d'en recueillir les fruits. Il était animé du désir (*kâma*) de récolter les fruits qui découleraient d'un sacrifice correctement exécuté.

Mais pour bénéficier du sacrifice, il devait accomplir l'acte essentiel du *tyâga*, l'«abandon», c'est-à-dire qu'il devait céder ou faire l'abandon de quelque chose qu'il possédait ou qu'il avait acquis en vue du sacrifice. Il devait donner afin de recevoir bien davantage en retour. Ce qu'il abandonnait aux dieux ou à une divinité, c'était une victime animale ou une matière oblatoire végétale : beurre fondu, lait, miel, riz, sésame, graines. Dans les grands sacrifices solennels, il y avait aussi une boisson aux vertus exaltantes qu'on appelait *soma*. L'animal sauvage était exclu du sacrifice. Seul l'animal domestique, le *pashu*, — souvent un bouc[13] — pouvait être victime sacrificielle, mais on évitait les femelles, et surtout la vache. D'ailleurs, le mot *pashu* désigne indifféremment et le bétail et la victime sacrificielle, car c'est le propre du bétail que d'être appelé à devenir victime sacrificielle[14]. Le sacrifiant abandonnait ou faisait don aux dieux de quelque chose qui lui appartenait et qu'il substituait à sa propre personne. La victime, qu'elle ait été animale ou végétale, représentait toujours le sacrifiant, elle était un substitut de la personne du sacrifiant.

---

12. *Shatapatha-Brâhmana* 4, 2, 5, 10.
13. Pour une explication, voir S. Lévi, *La doctrine du sacrifice...* : 137.
14. Voir Madeleine Biardeau et Charles Malamoud, *Le sacrifice dans l'Inde ancienne*, Paris, Presses universitaires de France, 1976 : 19, 72, 156-158.

Cette matière oblatoire était parfois lancée par terre ou dans l'eau, mais elle était généralement versée ou jetée dans le feu sacrificiel (*agni*) qui la cuisait. C'était donc le dieu Feu Agni qui recevait les offrandes, qu'elles aient été destinées à lui-même ou aux autres dieux. Quand elles étaient bien apprêtées par le feu, il se chargeait de les porter jusqu'aux divinités, les destinataires du sacrifice. À cause de cette fonction, Agni est souvent désigné par le nom Vahni, « véhicule » ou porteur des offrandes. Agni établissait le lien entre les hommes et les dieux, il faisait le pont entre le monde d'ici-bas et le monde d'en haut, il était l'intermédiaire, le médiateur. Il ne pouvait néanmoins convoyer vers les dieux que les matières qui lui avaient été offertes et qu'il avait agréées. Le mot « foyer » prenait toute son intensité : l'activité rituelle se déroulait autour d'Agni, comme la vie domestique s'organisait autour du feu de cuisson. Agni pouvait aussi convier les dieux à venir prendre place au repas sacrificiel où ils étaient les premiers servis. Dans les grands sacrifices solennels, Agni les conduisait au site sacrificiel où ils s'installaient sur la litière d'herbe pour consommer le repas. Le sacrifiant consommait le reste de la nourriture des dieux. Dans les rites en l'honneur des *pitri* ou ancêtres décédés, les *pitri* se faisaient représenter par des brahmanes qui étaient choisis avec un soin minutieux et qui étaient invités à consommer le repas à leur place. Ces brahmanes étaient des substituts visibles des divinités ou des *pitri*, ils étaient considérés comme des divinités. Le sacrifice avait pour but d'honorer solennellement les divinités par des offrandes de nourriture pour ensuite en obtenir des faveurs, des « fruits » : descendance nombreuse, bétail, longévité, santé, prospérité, abondance, victoire à la guerre, suprématie, et le ciel après la mort. En somme, le sacrifice devait assurer la prospérité. Le don était générateur d'un échange et d'une circulation de richesses.

Dans les grands sacrifices solennels, après la consécration du sacrifiant, on procédait à la préparation et à la mise en place du terrain sacrificiel à aire ouverte — rappelons-nous qu'il n'y avait pas de temples à l'époque védique —, un site qui devait être délimité et installé solennellement à chaque nouvelle cérémonie et qui était situé à l'écart des habitations. Ce site sacrificiel, c'était l'endroit où l'on entrait en communication avec les dieux. Suivait une cérémonie pour installer les feux : la préparation rituelle de ceux qui en étaient chargés, le rite de l'*agnimanthana*, c'est-à-dire l'allumage du feu par frottement l'une sur l'autre des pièces de bois d'où jaillissait le feu semblable à l'éclat du soleil, puis l'installation du feu dans les trois foyers. À l'intérieur du site, il y avait une autre aire, légèrement creusée, parfois surélevée, appelée la *vedi* ou l'autel. On recouvrait l'autel d'une jonchée d'herbe sacrificielle, l'herbe *kusha* ou *darbha*, sur laquelle les dieux étaient invités à prendre place pour consommer les offrandes de nourriture. On déposait sur l'autel les différents ustensiles, instruments et vases qui avaient, chacun, des usages bien déterminés. C'est sur l'autel, qui était aussi l'aire oblatoire, qu'étaient déposées les offrandes du sacrifice.

Même exécuté correctement, selon les règles, le sacrifice n'en comportait pas moins une part de violence. Il était une action violente mais nécessaire contre la matière oblatoire, animale ou végétale. La victime animale était mise à mort, les matières végétales étaient écrasées, pilées, broyées ou pressurées, ce qui revient à dire qu'elles étaient tuées. Comme le chasseur avec l'antilope, il fallait ruser avec le sacrifice et avec la victime à cause du grave danger que comporte l'acte de mise à mort et à cause de l'impureté conséquente au contact avec la mort. La rhétorique entourant le rite de la mise à mort de la victime sacrificielle s'est évertuée à contourner le danger et, par des artifices, à minimiser et à masquer la violence inhérente au sacrifice. La ruse consistait à utiliser des euphémismes, à dire qu'il fallait rendre la victime consentante, l'inciter à se laisser sacrifier de façon paisible et à ne pas se venger par la suite. Toutes ces précautions oratoires avaient pour but de circonscrire les dégâts des forces dégagées par le meurtre. C'est ainsi que l'officiant chargé de la mise à mort n'avait rien du bourreau, disait-on, mais qu'il était plutôt un *shamitri*, un « apaiseur ». Après avoir obtenu le consentement de la victime, il apaisait son souffle par suffocation ou strangulation, à l'écart, à l'extérieur du terrain sacrificiel. La violence faite à l'animal était ainsi minimisée, car elle était concentrée dans une toute petite partie de son corps. L'acte d'apaisement impliquait que la volonté de la victime était mise à contribution dans cette violence qui lui était faite afin que celui qui la commettait ou la faisait commettre n'en fût pas souillé[15]. Habile manœuvre qui permettra de dire que tuer dans un sacrifice, ce n'était pas vraiment tuer[16]. Les matières végétales étaient également préparées rituellement comme des victimes. Et parmi les matières végétales utilisées, les tiges de la plante appelée *soma* constituaient une matière de choix, à la base de plusieurs types de sacrifices solennels.

L'efficacité de la parole bien dite et de l'action bien faite

Les grands sacrifices solennels étaient célébrés, à la demande du sacrifiant qui en payait les frais, par des brahmanes spécialisés dans la science du rituel, par des connaisseurs de la science védique. Les rites ou gestes qu'ils accomplissaient étaient accompagnés de la récitation de formules et d'hymnes du Veda. L'efficacité du sacrifice ou de l'action rituelle était la résultante conjuguée de deux ordres de facteurs : d'une part, l'énonciation correcte des formules (*mantra*) ou la récitation correcte des hymnes selon un mode prévu, murmuré, récité à haute voix, chanté ou dit mentalement ; d'autre part, l'exécution correcte et exacte des gestes rituels à accomplir, selon les façons de faire et les séquences prévues. L'efficacité du sacrifice tenait à la fois de la parole védique bien dite et de l'action bien accomplie, bien faite. Bien dire la parole n'était, en définitive, qu'une facette de la nécessité de bien agir, de bien faire.

On ne reconnaît pas d'origine humaine aux Veda. On dit qu'ils sont une parole éternelle, à l'origine de tout. Ils contiennent la « science » du monde, le savoir qui permet d'agir sur l'univers et de le dominer. Ces textes, qui ont été « entendus » ou saisis à l'aube des temps par des *rishi* ou des sages, forment la *shruti*, la révélation ou l'« audition » (de *shru*, « entendre »). Cette parole védique était transmise orale-

---

15. Voir Ch. Malamoud, « La dénégation de la violence dans le sacrifice védique », *Gradhiva* 15 (1994) : 35-42 ; aussi « À l'articulation de la nature et de l'artifice : le rite », *Le genre humain* 12, « Les usages de la nature » (1985) : 233-246.
16. *Lois de Manu* 5, 39.

ment de maître à disciple, de génération en génération, elle était entendue de la bouche d'un maître et elle était répétée et apprise par cœur. Car savoir, c'est savoir par cœur. Il importait d'apprendre d'abord la littéralité du texte, avec ses accentuations et les intonations requises, pour en faire une application absolument fidèle dans l'accomplissement des rites. La tradition des *pandit* toujours vivante en Inde perpétue cet enseignement oral et l'apprentissage par cœur de quantités considérables de textes. L'audition, la répétition exacte et la récitation sans le support du livre supposent donc l'apport déterminant de la mémoire dans la conservation de la tradition védique[17].

Les poètes des textes védiques se sont appliqués à faire la louange des actions des dieux dans des hymnes aux formulations recherchées et bien construites afin de les inciter à agir en faveur des humains. La science védique faisait de la parole la source première de l'efficacité du rite. Bien formulée dans de riches évocations poétiques, dans une langue bien façonnée par la grammaire, et énoncée selon les modes d'intonation requis, la parole était un outil de conviction indispensable au sacrifice. Elle accompagnait les gestes rituels. Pour éviter que cette puissance qu'est la Parole se retourne contre soi, il fallait apprendre à s'en servir, il fallait connaître les modes d'utilisation de la parole dans les rites. La parole bien dite était une force agissante. Une des notions védiques fondamentales — et qui revient sans cesse —, c'est la notion de *rita*, c'est-à-dire la construction ou l'agencement correct de notions ou de choses, l'idée du « bien agencé », du « bien ajusté », de ce qui se tient bien ensemble, de ce qui s'enchaîne bien, de ce qui est bien ordonné. La parole bien formulée résulte précisément d'une pensée « bien ajustée ». L'énonciation bien faite des formules (*mantra*) et des hymnes était l'une des deux conditions indispensables à la réussite du sacrifice. Les dieux étaient sensibles à l'hymne ou à la prière bien énoncée (*sûkta, su-ukta*, « bien dit »), ce qui les disposait à la prodigalité. Le discours bien articulé et la parole bien énoncée tenaient leur pouvoir magique du fait

---

17. Voir Pierre-Sylvain Filliozat, *Le sanskrit*, Que sais-je ? 1416, Paris, Presses universitaires de France, 1992 : 62-75.

que cette parole était *satya*, qu'elle était tenue pour être vérité. La parole bien dite était aussi efficace que le rite bien accompli[18].

Les grands sacrifices solennels comportaient quantité de rites faits de manipulations et de mouvements sur le terrain sacrificiel, activités qui étaient accompagnées de chants, d'invocations, de récitation d'hymnes et de *mantra*. Le nombre des officiants pouvait atteindre seize ou dix-sept, incluant ceux qui assistaient les quatre principaux prêtres. Ces quatre principaux officiants étaient spécialisés dans l'une des tâches : l'invocateur ou oblateur appelait les dieux et récitait les stances ou les hymnes du *Rig-veda* ; l'officiant manuel était chargé des manipulations et des déplacements sur le terrain sacrificiel ainsi que de la récitation des *mantra* ou formules rituelles du *Yajur-Veda* ; un troisième faisait office de chantre des mélodies du *Sâma-Veda* qui accompagnaient la récitation des hymnes. Finalement, celui qu'on appelait le *brahman* récitait les *mantra* ou formules rituelles de l'*Atharva-Veda* et surveillait en silence le déroulement des rites afin de prévenir les erreurs et de prémunir le sacrifice contre tout danger. C'était un expert des textes, des rites et de la récitation des formules ; il observait tout ce qui se disait ou se faisait et s'empressait d'intervenir lorsqu'une erreur s'était glissée, afin de la neutraliser et de guérir le sacrifice blessé. On disait qu'il était le médecin du sacrifice. Le terme *brahman*, qui désigne le surveillant du sacrifice védique, est un mot masculin qu'il faut distinguer du mot *brahman*, neutre, qui désigne la science védique et qui est aussi l'un des noms de l'absolu[19]. Il ne faut pas confondre non plus le spécialiste appelé *brahman* (masculin) et le brahmane[20], celui qui se situe au sommet de la hiérarchie sociale.

---

18. Voir Georges-Jean Pinault, « Parole articulée et vérité », dans Sylvain Auroux (dir.), *Histoire des idées linguistiques*, tome 1, Liège–Bruxelles, Pierre Mardaga éditeur, 1989 : 293-302.
19. Le *brahman* (neutre) désigne le savoir védique, le Veda. Il désigne aussi l'absolu impersonnel, le principe universel de toute forme d'existence. Les *upanishad* enseignent l'identité du *brahman* et de l'*âtman*, le soi présent dans chaque être vivant.
20. Le mot brahmane est le correspondant français de *brâhmana*, terme masculin. Quand il est neutre, le mot *brâhmana* désigne les textes interprétatifs du rituel.

Les auteurs des *brâhmana* ont vite su persuader de l'efficacité du rite et de sa force contraignante sur les dieux qui ne pouvaient pas ne pas répondre aux vœux du sacrifiant. Correctement accompli, le rite produisait son effet. Il était fortement coloré de magie. Celui qui avait la connaissance et qui savait s'en servir adéquatement était lui-même en possession d'une puissance capable d'influer sur les divinités, voire de les contraindre. Ce savoir était, certes, fait de la connaissance de la personnalité des divinités ou des puissances qui régissent l'univers, mais il était fait avant tout de la maîtrise et de la précision des gestes rituels devant être accomplis afin d'obtenir les résultats escomptés. Le rituel exigeait des manipulations d'une haute technicité et toute erreur — omission, ajout, changement dans l'ordre — dans les mots ou les gestes entraînait une modification de l'effet désiré. Dans l'esprit des *brâhmana*, le succès du rite était fonction de la connaissance de la signification de chaque détail et de l'exactitude rigoureuse dans l'accomplissement du rituel. C'était une question d'orthopraxie, de savoir-faire, ou d'exécution correcte. Les valeurs rituelles rattachées au sacrifice étaient dénuées de toute préoccupation éthique. Ce qui était bien, c'était la conformité aux prescriptions, c'était l'exactitude rituelle, c'était la bonne manière d'agir. L'action, ou le *karman* — mot issu, rappelons-le, de la racine verbale *kri*, «faire, agir» —, devait être bien faite ou *sukrita* (*su-krita*), adjectif aussi dérivé de la racine *kri*, et précédé du préfixe mélioratif *su-*. L'action bien faite était celle qui était en conformité avec les prescriptions. Il n'est donc pas étonnant que, pour parer aux catastrophes, on ait prévu la présence d'officiants spécialisés dans la surveillance de la rectitude technique du déroulement des rites.

Tout était fondé sur la confiance ou la foi en l'efficacité du rite, la *shraddhâ*[21] — mot féminin qu'il ne faut pas confondre avec le *shrâddha*, un mot masculin qui désigne les rites postfunéraires qui seront étudiés plus loin. Le sacrifice agissait de façon magique ou automatique. Il était efficace en soi, il produisait des résultats. On agissait, on faisait des rites

---

21. La *shraddhâ*, mot féminin comportant une voyelle finale longue, qu'il ne faut pas confondre avec le *shrâddha*, mot masculin comportant une longue, non pas sur la voyelle finale, mais à l'initiale.

pour en retirer des bénéfices. On donnait pour recevoir en retour, et recevoir bien davantage qu'on avait donné. Mais il n'était pas sans danger. Si le sacrifice pouvait produire le bien qu'on recherchait, toute erreur dans le déroulement des rites pouvait entraîner des effets désastreux. Le sacrifiant qui offrait et payait le sacrifice devait avoir confiance non seulement dans l'efficacité du rite qu'il mettait en branle, mais encore dans la science des brahmanes qu'il choisissait comme officiants. Le sacrifice était un ensemble d'actes rituels accomplis dans le but d'en recueillir les fruits, les *phala*. Les brahmanes dépositaires du savoir connaissaient les relations entre tel rite et tel fruit désiré et ils savaient comment conformer les actions en conséquence.

Somme toute, l'efficacité du sacrifice était une conséquence logique de la notion de *karman* qui suppose que toute action entraîne nécessairement des effets, effets conditionnés par la teneur et la qualité de l'action. C'était la même relation de cause à effet qui prévalait. Une part de la science des brahmanes était faite de la connaissance des liens entre un rite donné et le profit à en retirer. Pour recueillir les fruits désirés, il était nécessaire d'accomplir les rites en suivant scrupuleusement les règles, sous la gouverne de brahmanes connaisseurs de la science des rites. La parole bien dite et l'action bien faite ne pouvaient pas ne pas être efficaces. En contrepartie, ce qui était mal fait, ce qui comportait des lacunes, des failles, des omissions ou de la négligence, tout cela portait aussi ses effets, des effets négatifs, tout cela se retournait contre le sacrifiant. Et c'est toujours sur la même confiance en l'efficacité des rites que se vivent encore de nos jours les rites funéraires et postfunéraires.

Le modèle sacrificiel : l'*agnihotra* ou l'offrande au feu

Non seulement y avait-il présence et utilisation du feu dans les sacrifices, mais il existait aussi des rites ou des sacrifices au feu, à Agni. Le rituel *shrauta* ou solennel le plus simple, c'était l'*agnihotra* ou l'offrande au feu, rite qui était célébré deux fois par jour, juste avant le lever du soleil et au coucher du soleil, par le sacrifiant qui était toujours accompagné de son épouse. Même si l'*agnihotra* était un rituel solennel nécessitant les trois feux, on lui reconnaissait une contrepartie dans le rituel domestique, c'est-à-dire que les offrandes du matin et du soir dans le feu étaient considérées comme des *agnihotra*[22]. C'était, pour ainsi dire, le rituel qui encadrait la journée du maître de maison. Ce sacrifice constituait un devoir quotidien pour tout maître de maison des trois catégories sociales supérieures qui devait le célébrer toute sa vie durant. En raison de sa simplicité et de sa fréquence, l'*agnihotra* était considéré comme le premier en importance de tous les rites solennels, et c'est celui qui a servi de paradigme ou de modèle à tous les autres. Les autres grands sacrifices solennels apparaissent comme un élargissement et une diversification de l'*agnihotra*, le sacrifice de base.

Le *Shatapatha-Brâhmana* dit que l'*agnihotra*, comme tout sacrifice, est un bateau qui conduit vers le ciel, que les côtés de la barque sont formés par le feu domestique et le feu offertoire, et que celui qui fait l'offrande en est le pilote[23]. Le même *brâhmana* dit encore que le sacrifice au feu, qui comporte une salutation à Sûrya, le Soleil, permet au soleil de se lever chaque matin et de poursuivre sa course.

> En vérité, l'*agnihotra* est le soleil. Or, quand on offre le sacrifice de l'*agnihotra* le soir, après le coucher du soleil, on offre le sacrifice pour le bien de ce soleil à l'état d'embryon, on fait prospérer cet embryon. Et quand on offre le sacrifice de l'*agnihotra* le matin, avant le lever du soleil, on produit cela (le soleil-enfant) et, étant devenu lumière, il se lève resplendissant. Mais, assurément, il ne se lèverait pas, si l'on ne faisait pas cette oblation. C'est pourquoi il faut faire cette oblation[24].

L'*agnihotra* consistait en une offrande de lait, parfois aussi de substances végétales, offrande faite au dieu Agni, le feu[25]. Après s'être purifié, le sacrifiant nettoyait les foyers,

---

22. Pour une discussion sur la relation entre l'*agnihotra* et le rituel *grihya*, voir H. W. Bodewitz, *The Daily Evening and Morning Offering (Agnihotra) According to the Brâhmanas*, Leiden, Brill, 1976 : 191-204.
23. Shatapatha-Brâhmana 2, 3, 3, 15.
24. Shatapatha-Brâhmana 2, 3, 1, 1-5 (trad. P.-É. Dumont, dans *L'agnihotra...* : p. viii).
25. Voir Paul-Émile Dumont, *L'agnihotra. Description de l'agnihotra dans le rituel védique*, Baltimore, the Johns Hopkins Press, 1939.

en arrosait les alentours et traçait une ligne avec un jet d'eau pour réunir les trois foyers. Il retirait un tison du feu rond appelé feu domestique pour allumer le feu carré appelé feu offertoire. Puis on amenait la vache qui devait être traite par quelqu'un appartenant aussi à l'une des trois classes sociales supérieures. Le maître de maison, qui était le sacrifiant, mettait à chauffer sur le feu domestique l'écuelle avec le lait et y ajoutait un peu d'eau. Puis il retirait l'écuelle du feu et y puisait quatre ou cinq petites cuillerées de lait qu'il versait dans la grande cuiller de l'*agnihotra*. Il portait ensuite l'offrande contenue dans cette grande cuiller jusqu'au feu offertoire et versait le contenu en deux libations, l'une avec récitation d'une formule, et l'autre en silence. Le crépitement que causait la coulée du liquide sur la braise était le signe qu'Agni agréait l'offrande qui lui était faite. Enfin, le maître de maison sacrifiant buvait le reste du contenu de la grande cuiller. Il terminait par des libations d'eau aux différentes divinités et aux *pitri*, ainsi que par la salutation au Soleil : le matin, afin qu'il puisse se lever, et le soir afin qu'il puisse revenir après la nuit. Le rituel entier était accompagné de la récitation d'hymnes védiques, car tous les rituels sont faits d'actions et de paroles. L'*agnihotra* est encore pratiqué de nos jours par de nombreux maîtres de maison qui en ont conservé la tradition.

Le sacrifice initial et sa commémoration

On doit à Lilian Silburn une remarquable réflexion philosophique sur la conception indienne primitive de l'activité rituelle, réflexion qui a servi de tremplin aux études subséquentes sur le rite et le sacrifice[26]. En fouillant avec minutie le détail des textes anciens, L. Silburn a voulu retracer l'intuition fondamentale sous-jacente à l'élaboration de la doctrine du sacrifice. Ce qu'elle y a découvert, c'est que la pensée des *brâhmana* se centrait sur la façon de dépasser l'instant et de s'installer dans la durée et la continuité. Et c'est l'acte rituel qui permettait de construire cette durée et cette continuité. Fondé sur l'agencement et l'organisation — ce qu'on appelait le *rita* —, l'acte rituel était la source de l'organisation du cos-

---

26. Lilian Silburn, *Instant et cause. Le discontinu dans la pensée philosophique de l'Inde*, Paris, Librairie philosophique J. Vrin, 1955 : 1-103.

mos. Il ordonnait ou organisait ce qui était désassemblé, épars. Conçus donc comme des actes organisateurs, les rites devaient être inlassablement répétés afin de construire la durée, comme les flammes qui sans cesse se renouvellent dans le feu. C'était la répétition et le renouvellement à l'infini qui créaient la continuité. Si le soleil n'avait pas été engendré chaque jour par les rites, il n'aurait pu réapparaître. L'ordre cosmique tout autant que l'efficacité rituelle étaient le résultat de l'agencement correct et de la continuité dynamique des actes.

Les intuitions de Lilian Silburn se sont avérées fécondes pour la compréhension du sacrifice. L'essence du sacrifice, c'était son déroulement, sa continuité. Les textes disent que le sacrifice était étendu, déroulé, dispersé, déployé, comme la trame d'un tissu, pour ensuite être reconstruit. Ils utilisent le mot *tantu* qui signifie à la fois le fil, la chaîne et la continuité, le fil tendu dans le tissage sans cesse repris de l'étoffe, la structuration de la trame. Ce même mot sera aussi utilisé par la suite pour exprimer l'idée de la lignée, de la continuité de la lignée, de la descendance qu'il faut assurer pour garantir la continuité de la pratique rituelle. On exprime également la continuité ainsi organisée par le mot *santati*, à la fois le tissage et la descendance. Lorsqu'il étendait le sacrifice comme une pièce d'étoffe sur le métier à tisser, l'homme répétait et prolongeait le sacrifice primordial, celui qui fut exécuté à l'aube des temps. Il étalait le sacrifice, il le dispersait, puis il le reconstruisait pour assurer la continuité du monde. Toute interruption dans la continuité du sacrifice était fatale. Continuité et rectitude allaient de pair ; dès qu'il était entrepris, le sacrifice devait être mené sans interruption jusqu'à son terme, sans faille dans le déroulement prévu, sans confusion dans l'enchaînement des actes rituels. Toute erreur ou négligence causait, dans la toile tendue du sacrifice, une brèche par laquelle s'échappaient les forces mises en action qui, alors, se retournaient contre le sacrifiant. Continuité dans le déroulement du rite, rectitude dans l'exécution, mais aussi confiance dans l'efficacité automatique du sacrifice.

Le sacrifice était l'acte rituel par excellence parce qu'il était conçu sur le modèle du sacrifice initial — ou la création du monde — dont il était la répétition. Lilian Silburn a démontré que la figure centrale du sacrifice et des *brâhmana*, c'est

Prajâpati, le « maître des créatures ». Prajâpati est une figure cosmogonique fort complexe dans le Veda : il est à la fois le progéniteur primordial ou le créateur, il est l'Année personnifiée, et il est aussi le Sacrifice personnifié. Ce qu'on pourrait appeler le mythe de l'éparpillement des membres et de la reconstruction de Prajâpati compte plusieurs versions dont on peut résumer ainsi l'essentiel, en ce qui concerne notre propos[27]. Un jour qu'il fut pris du désir de procréer, de devenir multiple et de créer le monde, Prajâpati fit de son désir un échauffement ascétique (le *tapas*, de *tap*, « brûler, chauffer ») et il devint sacrifice, résumant en lui-même toutes les composantes du sacrifice, se faisant lui-même tout à la fois sacrifiant, officiant et victime. Il était le sacrifiant qui offrait le sacrifice puisqu'il s'agissait de son propre désir à satisfaire. Il était l'officiant puisque c'était lui-même qui agissait, qui faisait les actes nécessaires. Il était aussi la victime du sacrifice puisque l'offrande — la matière oblatoire — n'était autre que son propre corps. De sa substance, Prajâpati émit les dieux, les êtres, et de l'éparpillement de ses membres surgirent les éléments constitutifs du cosmos. Il sortit épuisé et disloqué de son acte créateur et les dieux, qui sont ses fils, entreprirent de reconstituer le corps désagrégé de leur père pour rétablir son unité. Dans cette opération de réunification, ce fut Agni, le dieu Feu, le premier-né des dieux, qui joua le rôle principal. Le sacrifice créateur de Prajâpati est le prototype du sacrifice. Le sacrifice que font les humains est la répétition des mouvements de dispersion et de réunification du sacrifice de Prajâpati[28]. À l'instar

---

27. Toutes ces versions sont, pour ainsi dire, une excroissance du thème du Purusha (« l'homme ») de l'hymne 10, 90 du *Rig-Veda* dit « hymne au Purusha » (traduit par L. Renou, dans *Hymnes spéculatifs du Véda* : 97-100). Le Purusha est un géant cosmique à mille têtes, mille yeux, mille pieds, qui accomplit le sacrifice primordial en faisant apparaître les êtres et les éléments de l'univers par le démembrement de son corps. À l'époque des *brâhmana*, ce Purusha devient Prajâpati. Pour un commentaire de l'hymne, voir M. Biardeau, *Le sacrifice dans l'Inde ancienne* : 14-17.

28. Voir les articles de Charles Malamoud, « L'Inde brâhmanique. *Karman* des hommes, *mâyâ* des dieux », dans Fr. Châtelet et G. Mairet, *Histoire des idéologies* 1, Paris, Hachette, 1977 : 67-81 ; « La dualité, la mort, la loi. Note sur le nombre deux dans la pensée de l'Inde brâhmanique », *Revue d'esthétique* 1-2, « Le deux », coll. 10/18, 1980 : 93-109 ; « Spéculations indiennes sur le sexe du sacrifice », *L'Écrit du temps* 16 (1987) : 7-28.

d'Agni, le premier-né des dieux qui a restauré son père, le fils aîné doit célébrer les rites funéraires pour ses parents. Il importe de prendre note que lorsqu'il a recréé son père Prajâpati, Agni est devenu le père de son père, il lui a redonné vie. Il y a là un élément fondamental d'explication nécessaire pour comprendre les rites postfunéraires des *shrâddha*.

Le plus complexe des sacrifices solennels à grand déploiement, ce fut probablement l'*agnicayana*, (prononcez *ag-ni-tchayana*) « la construction de l'autel du feu », ou sacrifice de l'empilement des briques pour construire Agni, rite dont on dit dans les *brâhmana* qu'il résume tous les autres rites[29]. À l'aide de briques fabriquées selon diverses configurations bien précises, il s'agissait d'édifier, selon un ordre et des groupements très particuliers, un immense autel en forme d'oiseau aux ailes déployées[30], comportant cinq couches de briques. Tout était minutieusement réglé : le nombre de briques, leurs formes variées et mesurées, leur agencement dans des groupements à l'intérieur de chaque strate, etc. Il fallait cuire les briques, car la cuisson perfectionne. Les briques étaient du feu solidifié, soutiennent les textes d'exégèse. C'était du feu qu'on empilait. Ce rituel de l'édification de l'autel du feu était destiné à commémorer le sacrifice primordial ou l'acte créateur de Prajâpati. Il reproduisait la réunification ou le rassemblement du corps de Prajâpati, le « seigneur des créatures », le créateur qui s'était épuisé à l'œuvre de la création et dont les membres s'étaient éparpillés[31]. Les dieux avaient alors entrepris de reconstruire le

---

29. *Shatapatha-Brâhmana* 10, 1, 5, 1 et 9, 5, 1, 42. Ce long *brâhmana* consacre cinq de ses quatorze sections (livres 6-10) à l'exégèse et au symbolisme multiple de l'*agnicayana*.
30. Selon *Shatapatha-Brâhmana* 9, 4, 4, 3, Agni (= l'autel du feu) est un oiseau céleste.
31. Voir les explications de L. Silburn, *Instant et cause...*: 48-103 ; Charles Malamoud, *Cuire le monde. Rite et pensée dans l'Inde ancienne*, Paris, éd. La Découverte, 1989 : 76-80 et 261-266 ; Charles Malamoud, « Cosmologie prescriptive. Observations sur le monde et le non-monde dans l'Inde ancienne », *Le Temps de la réflexion*, tome X, Paris, Gallimard, 1989 : 303-325 ; Jan Gonda, *Les religions de l'Inde*, vol. 1 : *Védisme et hindouisme ancien*, Paris, Payothèque, 1979 : 231-237 ; Lakshmi Kapani, *La notion de samskâra dans l'Inde brahmanique et bouddhique, I*, Paris, De Boccard, 1992 : 53-80. — À l'opposé, Frits Staal trouve simpliste l'hypothèse du sacrifice d'un homme primordial (*Jouer avec le feu...*: 61-63).

corps désagrégé de leur père, et c'est principalement Agni, le dieu Feu, qui avait redonné vie à son père. C'était une démarche sacrificielle de réunification pour réparer la dispersion qui s'était produite.

Aussi étonnant que cela puisse paraître, le rituel védique de l'*agnicayana* n'est pas complètement perdu dans un lointain passé. Ce grand sacrifice, réservé à la caste des brahmanes, a encore été célébré dans la seconde moitié du XXe siècle, à tout le moins chez les brahmanes Nambudiri, dans le Kerala, province de l'extrême sud-ouest de l'Inde. Et c'est grâce au professeur Frits Staal de l'Université Berkeley, en Californie, que la chose a été connue. Staal, qui avait commencé à s'intéresser à la récitation védique en 1950, découvrit un jour les brahmanes Nambudiri et apprit qu'ils avaient célébré le sacrifice de l'*agnicayana* en 1955 et en 1956. Les Nambudiri étaient contraints de reconnaître qu'il devenait impossible de répéter ces célébrations à cause des frais énormes qu'elles entraînaient. Ils étaient aussi forcés d'avouer que la tradition s'étiolait parce que les jeunes ne croyaient plus en l'efficacité du rituel. Staal leur proposa de refaire encore une fois le grand sacrifice et d'en réaliser un film documentaire. Les pourparlers s'étirèrent sur plusieurs années avant qu'on pût en venir à une entente. Finalement, les préparatifs furent entrepris et la célébration du sacrifice de « l'empilement de l'autel du feu » eut lieu du 12 au 24 avril 1975. Staal a noté que la célébration fut suivie d'une longue série de rites d'expiation pour les erreurs rituelles qui auraient été commises[32]. De ces cérémonies d'une durée de douze jours, il est résulté un film de quarante-cinq minutes, « *Altar of Fire* », ainsi qu'un livre comportant deux immenses tomes, dont l'un, du dire même de l'auteur, est fondé sur les textes brahmaniques et l'autre, sur l'enquête de terrain[33].

Tout laissait croire que ce serait là le dernier *agnicayana*. Mais il y en eut encore un autre, qui fut célébré du 28 avril au 9 mai 1990, dans la localité voisine de celle qui avait été le site de l'événement de 1975. Le témoignage de Charles Malamoud, qui a assisté à cette cérémonie, soulève la ques-

---

32. Fr. Staal, « The Meaninglessness of Ritual » : 12.
33. Il s'agit de : Frits Staal, *Agni. The Vedic Ritual of the Fire Altar*, Berkeley, 1983.

tion du sacrifice védique qui se modernise et devient spectacle public[34]. Maintenant appauvris, obligés d'occuper des emplois, et ne comptant plus que très peu de brahmanes spécialisés dans la science du rituel védique, les brahmanes Nambudiri ont dû former à la hâte de jeunes officiants par des cours intensifs d'une année. Il y eut mise en place d'une vaste machine moderne qui avait bien peu à voir avec l'esprit des *brâhmana*: comité d'organisation, recherche de fonds, programme scientifique d'éducation, recours aux documents d'information, invitation de chercheurs indiens et étrangers, de spécialistes de toutes disciplines, de chefs spirituels, présence du public, de la presse et de la télévision, service d'ordre, restauration, souvenirs... Comme ce fut le cas en 1975, les victimes animales furent remplacées, selon une technique ancienne, par des figurines de pâte roulées dans des feuilles de bananier. Cet événement public qui a pris des allures de pèlerinage, de dire Malamoud, a suscité des discussions entre les ritualistes et déclenché de vives polémiques dans la presse. Les groupes fondamentalistes n'ont pas laissé passer l'occasion de le récupérer pour secouer la fibre nationaliste.

Les grands sacrifices solennels : élargissement de l'offrande au feu

Certains sacrifices solennels se présentaient sous forme de rituels relativement peu compliqués — comme l'*agnihotra* ou l'offrande au feu — qui se voulaient des hommages quotidiens aux divinités afin de s'assurer leur attention. Mais d'autres sacrifices à grand déploiement, et célébrés dans des circonstances bien particulières, étaient démesurément longs et d'une complexité qui nous semble défier l'imagination. Ces grands ensembles de rituels très élaborés nécessitaient de longs et minutieux préparatifs et le déroulement en était prévu jusque dans les moindres détails. La littérature

---

34. Voir Charles Malamoud, « Retours à l'écriture. Détournements de l'écriture. Remarques sur une cérémonie védique dans l'Inde de 1990 », dans Évelyne Patlagean et Alain Le Boulluec, *Les retours aux écritures. Fondamentalismes présents et passés*, Louvain-Paris, Peeters, 1993 : 157-174 ; de même que « La dénégation de la violence dans le sacrifice védique », *Gradhiva* 15 (1994) : 35-42.

narrative, tant l'épopée que les *purâna*, fournit maintes attestations de la célébration de ces grands sacrifices. À titre d'exemple, mentionnons que la grande épopée indienne, le *Mahâbhârata*, comporte un double récit-cadre dont l'un prend place à l'occasion d'un grand sacrifice royal, un sacrifice de serpents, et dont le second s'insère dans les intermèdes d'une grande session sacrificielle qui devait durer douze ans[35].

Il existait trois grands sacrifices royaux[36] dont l'*ashvamedha*, ou sacrifice de cheval, que seul un roi victorieux pouvait célébrer dans le but de proclamer sa souveraineté et de l'étendre sur les autres monarques. Les préparatifs duraient une année et les cérémonies se prolongeaient pendant toute l'année suivante. Après une série de rites, on mettait en liberté un cheval choisi selon des critères très capricieux et on le laissait vagabonder à son gré pendant toute l'année. Des centaines de gardiens devaient cependant suivre l'errance du cheval pour le prémunir contre l'attaque d'ennemis, ce qui aurait rendu le sacrifice vain. Pendant cette année, on procédait à un grand nombre de cérémonies préliminaires. Au bout de l'année, on ramenait le cheval dans l'enclos sacrificiel, et le roi se soumettait à une *dîkshâ* ou période de consécration de douze jours. Une succession de rites se déroulaient parmi lesquels prenait place un sacrifice de pressurage de *soma* et la mise à mort rituelle du cheval. Les grands sacrifices réservés aux rois entraînaient des déboursés énormes. Le *Mahâbhârata* et les différents *purâna*[37] attestent à maintes reprises, sans toutefois donner

---

35. Le *Mahâbhârata*, l'une des deux grandes épopées indiennes (avec le *Râmâyana*), est un texte-fleuve dont la tradition dit qu'il faisait à l'origine 100 000 versets. On reconnaît généralement qu'il fait trois fois et demi la Bible ou huit fois l'*Iliade* et l'*Odyssée* réunies, les deux épopées grecques. Il aurait été rédigé entre les quatre derniers siècles précédant notre ère et les trois ou quatre premiers siècles de notre ère.
36. Voir Georges Dumézil, « Rituels royaux de l'Inde védique », dans *Fêtes romaines d'été et d'automne*, Paris, Gallimard, 1975 : 115-138.
37. Les *purâna* sont des « récits antiques » ou des récits des origines qui appartiennent à la tradition (la *smriti*). Ils ont été rédigés au long de plusieurs siècles, vraisemblablement entre le début de notre ère et le XIVe siècle de notre ère. Ce sont des textes étonnamment longs qui contiennent des masses de renseignements sur les cosmogonies, les lignées royales, les mythes, les rites, etc.

la description des rituels, la célébration de grands sacrifices royaux, en particulier le sacrifice de consécration royale et le sacrifice de cheval dont ils ne manquent pas de vanter les mérites innombrables, par exemple celui d'exaucer tous les vœux ou celui d'effacer toutes les fautes. Ces mêmes textes font aussi l'apologie des *shrâddha*, les rites aux ancêtres, célébrés dans les lieux de pèlerinage, et vont jusqu'à leur attribuer des mérites équivalents à ceux du sacrifice de cheval.

Parmi les grands sacrifices solennels non royaux, celui qui a pris le plus d'importance, c'est le sacrifice de *soma*, dans lequel la substance oblatoire était le jus d'une plante qu'on appelle *soma*[38]. L'identification scientifique de cette plante sauvage peut-être hallucinogène fait toujours l'objet d'hypothèses. D'ailleurs, le mot *soma* utilisé n'est pas le nom spécifique de la plante, mais un terme général qui signifie « ce que l'on presse », c'est-à-dire le jus obtenu par pressurage des tiges de ladite plante. Le suc qu'on extrayait de la tige de cette plante, c'était le *soma*, et ce sont les étapes successives de la transformation de la plante, à partir de sa cueillette jusqu'au moment où on pouvait en absorber la liqueur, qui donnaient lieu au rituel appelé sacrifice de *soma*. Ce sacrifice nécessitait les services de seize officiants. Après la *dikshâ* ou consécration du sacrifiant et de son épouse, les cérémonies préliminaires, qui duraient quelques jours, débutaient avec l'achat rituel des tiges de *soma*, ce qui donnait lieu à une mise en scène bien réglée. Puis les tiges étaient transportées en grande pompe sur l'aire sacrificielle. On disait que c'était le roi Soma que l'on portait sur son char. On faisait tremper les tiges pour les faire gonfler, puis on procédait à trois pressurages chaque jour, à des moments fixes de la journée. Ce jus était ensuite décanté, filtré dans des tamis de laine. Tous ces rites étaient accompagnés d'offrandes, de chants, et de l'offrande d'un animal, de préférence un bouc. Une partie du *soma* pressuré était offerte au feu, c'est-à-dire aux dieux, et l'autre était consommée. L'absorption du *soma* était, chez les hommes comme chez les dieux, génératrice de vigueur et d'exaltation euphorique.

---

38. Voir Jan Gonda, *Les religions de l'Inde* : 81-86 et 181-197 ; Charles Malamoud, « Soma et l'échange. Substance sacrificielle et figure divine dans la mythologie védique », dans Yves Bonnefoy (dir.), *Dictionnaire des mythologies*, Paris, Flammarion, 1981 : 453-455.

Cette boisson décantée était aussi utilisée comme matière oblatoire dans plusieurs autres sacrifices, dont les sacrifices royaux.

Le mot *soma* servait à désigner à la fois la plante, la liqueur d'ambroisie qu'on en retirait après le pressurage, ainsi qu'une divinité, le dieu Soma, tous sens qui étaient indissociables et qui se confondaient. C'était ce dieu Soma qui conférait aux dieux l'*amrita*, l'immortalité. Ils devaient s'abreuver de la substance du dieu Soma pour conserver leur immortalité qui les distinguait des humains. Le *soma* terrestre avait un double dans le séjour des dieux : c'était la lune qui était considérée comme le réservoir d'*amrita*, l'ambroisie ou la liqueur d'immortalité qu'elle distillait dans ses rayons[39]. On devrait plutôt dire « le dieu lunaire », car les termes pour désigner la lune sont masculins dans la langue sanskrite. Identifié au roi Soma, le dieu lunaire était considéré comme la nourriture ou la boisson dont s'abreuvaient les dieux lors de la pleine lune, et les ancêtres ou *pitri*, au moment de la nouvelle lune. Quand elle était bue par les dieux et les *pitri*, la lune décroissait, puis elle était à nouveau remplie par le soleil[40]. Le mot *soma* est donc devenu l'un des noms courants de la lune qui croît et décroît, comme les tiges de *soma* qui se gonflent avant de donner leur suc. Les textes parlent de gonflement, de remplissage, ou d'accroissement (*âpyâyana*) du *soma* et de la lune. L'ambivalence sémantique entre, d'une part, la plante et son jus, le roi Soma et le dieu Soma, et d'autre part, la lune, est devenue constante dans la période postvédique.

L'éminent philologue et indianiste Louis Renou a raconté, en 1950, avoir été témoin de reconstitutions de cérémonies védiques[41]. Il affirme avoir assisté, en Inde du Sud, à un sacrifice de « louange du feu », l'*agnishtoma*, qui comporte un sacrifice de *soma*. Il note :

---

39. L'hymne *Rig-Veda* 10, 85 qui célèbre les noces de l'astre lunaire avec Sûryâ, la fille de l'astre solaire Sûrya, est, selon Louis Renou, le seul hymne du *Rig-Veda* « attestant clairement l'assimilation de Soma et de la lune » (*Hymnes spéculatifs du Véda* : 244 ; traduction de l'hymne : 81-90).
40. Voir *Shatapatha-Brâhmana* 1, 6, 4, 15 ; 2, 4, 2, 7 ; 2, 4, 4, 15.
41. Louis Renou, « Cérémonies védiques », dans *Sanskrit et culture. L'apport de l'Inde à la civilisation humaine*, Paris, Payot, 1950 : 26-33.

Le secret s'en est perdu, et divers substituts sont entrés en usage. Le surveillant muet de l'action, celui qu'on appelle le *brahman*, était un homme d'une érudition prodigieuse : tel un chef d'orchestre qui saurait par cœur dans le moindre détail la partition de chacun des exécutants, il était capable de déceler l'erreur, la lacune la plus menue à travers l'innombrable suite de gestes, d'évolutions, de formules qu'ont à exécuter ou à dire la vingtaine d'officiants placés sous son contrôle[42].

Renou déclare encore savoir que dans un institut védique des environs de Poona, on s'affairait à la préparation d'un sacrifice appelé « breuvage de puissance », le *vâjapeya*, l'un des trois grands sacrifices royaux de l'époque védique. C'était un sacrifice à nombreux épisodes comportant une course de chevaux attelés à dix-sept chars, selon un parcours déterminé par dix-sept portées de flèches, et dont l'ensemble durait dix-sept jours ; mais les préliminaires et les cérémonies annexes pouvaient l'étendre jusqu'à une année. Puis il raconte avoir assisté à Poona à un sacrifice plus modeste fondé sur le schéma classique des sacrifices de pleine lune et de nouvelle lune, un sacrifice qui avait nécessité la présence de six prêtres-officiants et qui n'avait duré que quatre heures. Renou fait état de flottements, de discussions entre les officiants, de modifications de structures, de scènes abrégées ou figurées, et même de contestations venant de personnes érudites de l'assistance insatisfaites de la fidélité aux détails. Le savant professeur note que la cérémonie prenait parfois l'allure d'un exercice scolaire ; il n'en loue pas moins l'effort remarquable et reconnait tout l'éclairage que cette reconstruction a ajouté à sa connaissance des textes anciens.

Mentionnons encore une forme renouvelée du sacrifice appelée sacrifice de buffle que des chercheurs ont pu observer il y a une vingtaine d'années. Quoiqu'il eût été interdit depuis 1947, ce sacrifice était encore vivant dans certaines régions. Catherine Weinberger-Thomas affirme avoir assisté avec Madeleine Biardeau à un sacrifice de buffle semi-clandestin, célébré en septembre 1974 par le *mahârâja* de Jaipur, au palais d'Amber dans le Rajasthan, et où onze jeunes

---

42. *Ibid.* : 27.

buffles ont été immolés[43]. De son côté, l'ethnologue Olivier Herrenschmidt a assisté en mars 1976 à ce sacrifice dans un village de l'Andhra Pradesh. Il s'agissait, dans ce cas précis, d'un culte de lignée royale devenu culte de village. Il a pu constater qu'il y avait eu depuis fort longtemps des substituts à la véritable victime qui était une victime humaine. À la victime humaine, on a substitué un buffle, un buffle qui n'est plus égorgé depuis 1952, mais qui est remplacé à son tour par une courge[44].

Agni : feu cuiseur, feu sacrificiel, feu médiateur

Fort complexe ou relativement simple, de grande envergure ou de proportion modeste, royal ou non royal, et bien que célébré pour satisfaire un désir exprimé par celui qui le commandait et l'offrait, le sacrifice était fondamentalement régulateur de l'univers, de l'ordre cosmique. Dans cet univers, tous les êtres dépendent les uns des autres pour leur maintien et pour leur subsistance. Les cosmogonies indiennes se plaisent en effet à peindre un monde de réalités fourmillantes qui agissent les unes sur les autres, un monde d'éléments insérés dans l'engrenage de cycles à circulation ininterrompue, de transformations sans cesse recommencées des mêmes énergies circulantes, un monde aussi où le cycle de transformation de la nourriture tient beaucoup de place. Le sacrifice était le pourvoyeur de la régulation de l'ordre universel. Les offrandes sacrificielles étaient destinées aux dieux, car le sacrifice constituait la nourriture des dieux[45]. Les hommes nourrissaient les divinités qui, en

---

43. Catherine Weinberger-Thomas, *Cendres d'immortalité. La crémation des veuves en Inde*, Paris, Seuil, 1996 : 82. (Elle note que M. Biardeau a décrit cette cérémonie dans *Histoire de poteaux. Variations védiques autour de la Déesse hindoue*, Paris, École française d'Extrême-Orient, 1989 : 306-308.)
44. Olivier Herrenschmidt, « Le sacrifice du buffle en Andhra côtier », dans Madeleine Biardeau, éd., *Autour de la déesse hindoue*, Paris, *Purushârtha* 5 (1981) : 137-177. (Dans ce même numéro, M. Biardeau discute aussi de ce sacrifice dans « L'arbre *shami* et le buffle sacrificiel » : 215-243.)
45. Voir *Shatapatha-Brâhmana* 11, 1, 8, 2.

retour, accordaient la pluie en temps utile pour continuer à apporter la nourriture aux humains.

La matière oblatoire devait être cuite avant d'être offerte aux divinités qui la consommaient. « Ce qui est cuit est pour les dieux », dit le *Shatapatha-Brâhmana*[46]. Ces offrandes comprenaient des animaux domestiques dont la chair devait être découpée selon les règles, puis cuite, des céréales ou des nourritures végétales cuisinées, du beurre fondu et du lait. Le lait devait être soumis à une cuisson moyenne, il devait être ni trop cuit ni trop peu cuit[47], probablement parce qu'il est chaud lorsque la vache le donne. On offrait aussi le *soma* mais, cas particulier, on ne le cuisait pas ; c'était la seule nourriture qui ne nécessitait pas de cuisson. La préparation du *soma* donnant déjà lieu en soi à un long sacrifice, le *soma* étant vénéré comme le dieu Soma, cette boisson des dieux leur était offerte crue[48]. Les offrandes d'origine animale ou végétale devenaient nourriture des dieux.

Bien qu'invisibles, les dieux n'en étaient pas moins présents au sacrifice. Le *Shatapatha-Brâhmana* affirme même qu'aux jours merveilleux d'antan, les dieux, les hommes et les ancêtres buvaient ensemble au sacrifice, de façon visible[49]. Mais maintenant, c'est Agni qui fait monter jusqu'à eux, dans la fumée, les oblations qui sont ensuite absorbées par les représentants visibles des divinités, c'est-à-dire les officiants, le sacrifiant et les brahmanes invités. C'est ainsi qu'on peut parler de repas sacrificiel où les dieux sont les premiers servis et où les humains mangent les restes des dieux. De même, dans les sacrifices que sont les rites postfunéraires des *shrâddha*, on invite les *pitri* ou ancêtres à venir prendre place sur la jonchée d'herbe étendue sur l'autel et à se nourrir du repas qui leur est offert. Les ancêtres se font, bien sûr, représenter par des brahmanes. Si les brahmanes sont bien rassasiés, les dieux et les *pitri* sont, par le fait même, rassasiés et satisfaits. L'offrande et la consommation

---

46. *Shatapatha-Brâhmana* 3, 8, 3, 7.
47. Voir P.-É. Dumont, *L'agnihotra...* : p. vii-viii.
48. Pour les questions complexes concernant le cru, le cuit, et la cuisson, voir l'article de Ch. Malamoud, « Cuire le monde », dans *Cuire le monde...* : 35-70.
49. *Shatapatha-Brâhmana* 3, 6, 2, 26.

de nourriture sont donc au cœur même du sacrifice. Dans l'Inde actuelle, pour implorer une faveur, on apporte au temple des offrandes de nourriture préparée qu'on dépose près de la divinité. Ce sont souvent des familles entières qui participent à cet hommage et qui se partagent ensuite les « restes » de la nourriture des dieux.

Il est un leitmotiv — un parmi tant d'autres — qui, dans les textes ayant trait au rituel, répète qu'il faut régulièrement et inlassablement rassasier, combler, satisfaire les divinités, de même que les ancêtres, et le dieu Feu par le fait même. Sur ce point, impossible de ne pas devancer ce qui sera expliqué dans un chapitre suivant et qui est fondamental dans le rituel postfunéraire des *shrâddha*. Les humains donnent pour satisfaire divinités et ancêtres et pour recevoir en retour, pour bénéficier de faveurs et de fruits innombrables. Les divinités bienveillantes, généreuses, libérales sont des divinités repues, bien nourries par les humains. De même les ancêtres rendus paisibles dans leur condition de *pitri* grâce au don de nourriture assuré par leurs descendants sont des ancêtres favorables, reconnaissants et prodigues. Le monde de l'au-delà et le monde d'ici-bas sont étroitement liés dans un circuit d'échanges incessants de bons services où chacun a besoin de l'autre, où chacun continue à exister par l'autre, et où chacun est un artisan du devenir de l'autre. Ce qui, en définitive, revient à dire que chacun donne afin d'en retirer un mieux-être.

Si les hommes ne sacrifiaient pas, les dieux ne pourraient leur accorder la prospérité qu'ils recherchent tant. C'est lorsqu'ils sont bien nourris par le sacrifice que les dieux envoient la pluie qui fait croître les plantes dont se nourrissent les hommes et les animaux. Mais il ne faut pas oublier que cette chaîne nourricière fournit aussi animaux et végétaux nécessaires au sacrifice qui, à son tour, nourrit les dieux. Et le cycle se poursuit indéfiniment dans un jeu de transformations continuelles des mêmes énergies et substances. Les textes disent que Prajâpati, le principe suprême, est nourriture. C'est lui qui construit toute forme de vie. C'est sa substance divine qui, en se transformant, continue à nourrir l'univers. Le *soma*, qui est aussi à la fois le dieu Soma et le roi Soma lunaire, est l'âme de ce circuit dynamique ; il est la boisson dont s'abreuvent les dieux et qui leur confère l'immortalité. Car les dieux sont sujets à la mort. Et ce sont les phases de croissance et de décroissance de Soma dieu lunaire qui régissent les temps propices à la célébration de tel ou tel rite. C'est le sacrifice qui maintient l'équilibre universel et la continuité des cycles.

Au cœur de la cuisson sacrificielle se trouve évidemment Agni, le feu, un feu qu'on a fait naître par le rite de l'*agnimanthana* ou la friction de deux pièces de bois, un feu triple qu'on a installé ensuite dans les trois foyers de l'aire sacrificielle, un feu de cuisson également qui recueille les offrandes, les purifie, les apprête pour le repas sacrificiel des dieux. Le dieu Agni, le feu sacrificiel, cuit les offrandes afin de les perfectionner et de les rendre agréables aux divinités. On dit dans les *brâhmana* qu'Agni, le dieu du sacrifice, est la « bouche des dieux[50] ». C'est lui qui reçoit les offrandes dans ses flammes et, par sa fumée, les fait parvenir jusqu'aux habitants du ciel qui les inhalent et s'en nourrissent. En tant que feu sacrificiel médiateur, il est appelé Vahni, le « véhicule », le porteur d'offrandes. C'est lui qui convie les dieux au festin et qui les conduit sur le terrain du sacrifice, c'est par sa « bouche » qu'ils mangent et boivent. Les participants du sacrifice, eux, consomment les restes des dieux.

Doué de la capacité de se dédoubler, d'une part, en feu cuiseur ou mangeur de cru et, d'autre part, en feu sacrificiel qui ne détruit pas, mais qui apprête, Agni est l'une des divinités les plus prestigieuses de l'Inde védique. Dans un grand nombre d'hymnes dithyrambiques, les poètes du *Rig-Veda* ont chanté à profusion les louanges de ce dieu à l'éternelle jeunesse qui renaît sans cesse, ce dieu pourvu de tous les dons, ce dieu voyant, sage, prudent, intelligent, et qu'ils disent être le poète inspiré par excellence. C'est Agni qui a reconstitué le corps de son père Prajâpati défaillant et dispersé par l'œuvre de la création, c'est lui qui engendre la continuité, c'est lui qui fait le sacrifice. Messager des dieux et médiateur entre les hommes et les dieux, il a droit à tous les égards. C'est toujours ce même Agni qui est à l'œuvre sur le bûcher de crémation.

---

50. Par exemple, *Shatapatha-Brâhmana* 7, 1, 2, 4.

CHAPITRE

Le rituel funéraire hindou vécu dans une société fortement hiérarchisée

POUR l'époque védique, le *karman* ou l'acte par excellence, c'était le sacrifice. À la longue, le rigorisme et les visions excessives qui étaient, faut-il le souligner, le fait de brahmanes hantés par l'idée d'accroître sans cesse leur emprise, ont suscité des réactions paisibles et permis l'éclosion de valeurs nouvelles. En dépit des précautions sémantiques et rhétoriques aboutissant à ce qu'on appelait l'acte d'«apaisement» de la victime sacrificielle, il n'y en avait pas moins mise à mort de l'animal. L'émergence et la circulation d'idées nouvelles autour de l'*ahimsâ* ou la non-violence ont contribué au discrédit du sacrifice sanglant et donc violent. Ce courant est dû pour beaucoup à la naissance de deux religions nouvelles, plus démocratiques, apparues en Inde aux VIe et Ve siècles avant notre ère : le bouddhisme et le jaïnisme. L'idéal de tolérance, l'idéal de non-violence, de même que le retrait dans la vie intérieure ou monastique prônées par ces deux mouvements appelés à devenir de grandes traditions religieuses ont vite fait de déborder le cercle des adeptes. La critique de l'acte rituel sanglant et mécanique a ébranlé le védisme pur, l'a mis en brèche, et des transformations ont commencé à poindre ici et là. Le sacrifice sur lequel reposait la religion védique a fait l'objet de toute une littérature élaborée, en particulier celle des *brâhmana*. Mais la connaissance que nous avons de la religion védique, en dehors du sacrifice, reste toujours fragmentaire et largement hypothétique. Il est donc difficile de dresser une continuité historique, d'autant plus qu'il n'y a jamais, en Inde, de rupture ou de modifications profondes apparentes. C'est le recul qui rend aux choses leur visibilité. On ne peut qu'esquisser les contours de ce long processus.

On appelle habituellement brahmanisme ou religion brahmanique la forme de civilisation qui a succédé au védisme. Le brahmanisme marque la période de maturation, de développements et de transformations internes qui se sont poursuivies depuis la fin du védisme jusqu'à l'émergence de ce qu'il est convenu d'appeler l'hindouisme. Cette période de transition s'étend, de façon approximative, depuis la rédaction des plus anciennes *upanishad*, c'est-à-dire vers le VIe siècle, probablement même dès le VIIIe siècle avant notre ère, jusqu'aux débuts de notre ère. C'est une période de bouillonnements souterrains marquée par une série de phénomènes qui, progressivement, mais de façon tangible, ont contribué à l'élaboration de l'hindouisme. Face aux idées nouvelles ou aux courants qui se dessinaient, l'Inde a toujours réagi, semble-t-il, par une attitude — passive peut-être — d'intégration plutôt que d'exclusion. Elle a toujours su tirer parti à la fois des oppositions et des idées novatrices, en faisant, de façon presque imperceptible, des accommodements et des ajustements constants qu'elle avait l'habileté de transformer en parachèvement de la tradition. Des concepts védiques se sont évanouis, d'autres ont subi des modifications majeures et beaucoup d'autres concepts ont surgi, sans qu'aucune réforme systématique n'ait jamais été entreprise.

Un grand nombre d'innovations se mettent donc en place pendant la période brahmanique. L'idéal de l'*ahimsâ*, l'« absence du désir de tuer », terme qu'on a pris l'habitude de traduire par non-violence, prend vite de l'ampleur. Le culte s'organise, non plus autour du sacrifice, mais autour de deux divinités principales, Shiva et Vishnu, qui deviennent les divinités suprêmes. Pendant que des dieux védiques sont laissés dans l'ombre, que d'autres se transforment, des divinités locales apparaissent et le culte des images ou représentations des divinités s'installe. La rigueur technique du sacrifice védique est supplantée par la *bhakti*, la relation de dévotion personnelle entre le fidèle et la divinité qu'il a choisie. La religion védique organisée autour du sacrifice a cédé du terrain à une expérience religieuse tournée vers le culte des divinités. À l'emplacement temporaire et variable du sacrifice, un emplacement chaque fois établi, succèdent les temples fixes qui se répandent sur toute la terre de l'Inde. La notion de cycles cosmiques ou de recommencements successifs d'âges du monde s'installe. Les lieux chargés de mythologie se développent, et les foules se mettent en marche dans les mouvements de pèlerinage. Aux premiers siècles de notre ère, la face de l'Inde védique est complètement transformée et le sacrifice est à peu près disparu, du moins dans sa forme primitive. Les traces n'en seront néanmoins pas entièrement effacées, comme nous le verrons. L'ancienne structure védique a fait place à un ordre nouveau, avec la prédominance des sectes et le développement de croyances populaires et régionales.

Ce monde renouvelé mais aussi très diversifié que, seulement vers 1830, on désignera sous le nom d'hindouisme, n'est pas une religion au sens où on l'entend habituellement. C'est avant tout une norme régissant toutes les activités de l'individu autant dans ses rapports sociaux et familiaux que dans ses rapports avec les divinités. Le *dharma*, le bon ordre universel, en est la notion centrale. L'hindou ne se réfère pas à une religion, mais au *dharma*. L'acte bon est désormais un acte conforme au *dharma*. Agir correctement, ce n'est plus seulement exécuter correctement les rites, mais c'est agir selon toutes les injonctions du *dharma*. Beaucoup plus englobante, la conformité au *dharma* a dépassé la rectitude rituelle. Le *dharma* général et commun à tous se double d'un *dharma* particularisé et propre à chaque groupe social et pour chacune des étapes du parcours terrestre. L'hindouisme est donc moulé à l'extrême fragmentation sociale du système des castes qui détermine à chacun son statut et son rôle[1]. Qu'il soit nécessaire de considérer le rituel funéraire actuellement pratiqué en

---

1. Olivier Herrenschmidt a donné une description de l'hindouisme dans un texte de lecture aisée : « L'Inde et le sous-continent indien », dans *Ethnologie régionale II*, Encyclopédie de La Pléiade, Paris, Gallimard, 1978 : 86-282.

Inde comme l'héritier du sacrifice védique n'empêche pas qu'il soit tout autant nécessaire de l'inscrire dans une société vivante multiforme avec ses particularités et ses contraintes bien identifiées. Le rituel funéraire hindou se vit dans une société de castes, une société fortement hiérarchisée où les divisions et les différences entre les groupes constituent la face dominante du système. Il importe d'avoir une idée juste du fonctionnement de cette organisation socio-religieuse pour comprendre l'adaptation du rituel funéraire aux différences entre les castes. On ne peut donc faire l'économie d'un autre détour pour cerner les grands traits de cette société des castes.

Structure sociale articulée autour du sacrifice

Il est une notion capitale typiquement indienne qui domine et régit tout le domaine de l'agir (*karman*), du comportement humain sous toutes ses facettes, et de l'agir rituel en particulier. C'est la notion de *dharma*, mot intraduisible à cause de son amplitude, car il englobe l'ensemble des normes qui dictent la conduite à tenir dans à peu près toutes les circonstances et qui concourent à l'ordre universel. À l'époque védique, cela signifiait avant tout l'ordre sacrificiel, à la fois cosmique et humain, et la source en était, bien sûr, dans le Veda. Cet ordre était renfermé dans la notion de *rita*, le bien agencé ou le bien ajusté. Le *dharma* différencie et sépare les humains. Il implique une organisation sociale avec des groupes distincts aux fonctions spécialisées et complémentaires qu'on appelle les castes. Le système des castes aux innombrables ramifications et divisions, et qui est toujours la réalité vivante de l'Inde actuelle, a d'abord été une division quadripartite de la société, pour laquelle d'ailleurs le mot caste ne convient guère. Cette classification très ancienne était fondée sur un mode de vie idéal qui répartissait les humains, d'après les fonctions sociales, en quatre *varna*, mot qui signifie tout autant «couleur» que «catégorie sociale», une couleur étant attribuée à chacune de ces catégories[2]. C'est une classifica-

---

2. Cette hiérarchie des quatre *varna* figurait déjà dans l'hymne 10, 90 du *Rig-Veda*, dit «hymne au Purusha» (traduit par L. Renou, dans *Hymnes spéculatifs du Véda*: 97-100), l'hymne qui décrit l'acte créateur sacrificiel du Purusha (lequel devient plus tard Prajâpati).

tion normative, devenue en partie théorique, élaborée selon un double rapport au Veda et au sacrifice.

Le premier *varna* est celui des brahmanes[3], les hommes de savoir. Les brahmanes ont une fonction religieuse par droit de naissance : ils ont la connaissance du Veda et des textes rituels, ils transmettent l'enseignement du Veda, ils sont les officiants du sacrifice et ils reçoivent les dons faits par les sacrifiants. Les brahmanes d'aujourd'hui sont loin d'être tous des prêtres. Comme dans l'Inde ancienne, ils sont avant tout dépositaires du Veda. Le deuxième *varna* est celui des *kshatriya*, qui sont des rois, des chefs politiques et des guerriers. Les *kshatriya* détiennent le pouvoir : ils protègent le peuple, font régner l'ordre, le *dharma*. Les textes normatifs et narratifs répètent à satiété que les rois sont les protecteurs du *dharma*. Les *kshatriya* étudient le Veda, mais à un degré moindre que les brahmanes, et ils commandent et paient les sacrifices aux brahmanes. Ce sont eux qui font célébrer les grands sacrifices royaux, tel le sacrifice de cheval. L'étroite relation de complémentarité entre le brahmane et le *kshatriya* et le danger toujours possible de l'empiétement de l'un sur les prérogatives de l'autre ont fourni une abondante matière à la littérature épique. Le troisième *varna* est composé des *vaishya*, c'est-à-dire des producteurs de richesses, agriculteurs, éleveurs, et des commerçants, etc. Ils produisent ce qui est nécessaire à l'activité sacrificielle, source de prospérité terrestre : lait, beurre, miel, riz, bétail, etc., ils étudient le Veda, mais à un degré encore moindre, et ils peuvent commander des sacrifices aux brahmanes. Ce que les membres des trois premiers *varna* ont en commun, c'est qu'ils font partie de la société à part entière, qu'ils ont, quoique à des degrés divers, une connaissance des textes sacrés, et qu'ils ont l'aptitude à recevoir l'initiation qui en fait des *dvija*, des deux-fois-nés. Cependant, dans la pratique, les brahmanes qui rédigeaient les textes ont eu tendance à se

---

3. Le mot brahmane est le mot français correspondant au terme sanskrit *brâhmana* (masculin). Comme ce mot est passé dans la langue française, il sera toujours utilisé ici sous sa forme française avec la marque du pluriel, lorsque c'est nécessaire. Les autres dénominations, ne connaissant pas de forme française, sont données sous leur forme sanskrite, sans la marque du pluriel propre au français.

réserver le titre de *dvija*, de sorte que *dvija* est devenu l'un des noms courants pour désigner le brahmane.

Le quatrième *varna* regroupe la classe servile, les *shûdra* (prononcez *choudra*), ceux qui sont voués au service des trois *varna* supérieurs et qui assument tous les travaux qui ne confèrent pas d'impureté. Les *shûdra* n'ont pas droit à l'étude du Veda et sont tenus à l'écart du sacrifice. On se soucie très peu des *shûdra* qui sont à la limite des normes du *dharma* et à la limite de l'univers sacrificiel, en ce sens qu'ils ne se trouvent concernés que de façon indirecte. Dans ce système de l'idéal brahmanique, la femme, même fille ou épouse de brahmane, n'a que le statut de *shûdra*. Elle n'a pas accès à la connaissance du Veda, elle n'exerce pas d'activité rituelle autonome, mais elle accompagne son époux dans l'accomplissement des rites et y participe à certains moments déterminés. Sa présence est indispensable dans les rites solennels[4]. D'ailleurs, l'homme ne commence véritablement son activité rituelle que lorsqu'il est devenu maître de maison, c'est-à-dire qu'il a pris une épouse. Quant aux travaux qui confèrent de l'impureté, ils sont le lot des parias de la société, ceux qu'on appelle les intouchables, et qui sont exclus des classifications et du sacrifice et qui sont tenus à l'écart des autres.

Au brahmane qui occupe le sommet de la hiérarchie des *varna* est constamment associée la vache. Le brahmane et la vache ont un rapport privilégié au sacrifice, car les produits de la vache, le lait, le beurre fondu et parfois le caillé, comptent parmi les offrandes importantes dans les rites sacrificiels célébrés par le brahmane. La vache figure même au premier plan des dons que fait le sacrifiant aux brahmanes officiants. La vache est la source de puissance du brahmane au point qu'il est pour ainsi dire impensable d'imaginer un brahmane sans vache. Dans les nomenclatures juridiques de la gravité des meurtres, le meurtre d'une vache vient tout de suite après celui d'un brahmane. Du respect dû au brah-

---

4. Sur la place de la femme dans le rituel solennel, voir le livre récent de Stephanie W. Jamison, *Sacrificed Wife. Sacrificer's Wife. Women, Ritual, and Hospitality in Ancient India*, New York / Oxford, Oxford University Press, 1996, notamment la section intitulée « The Wife in Ritual » : 3-149. L'auteure démontre que le rôle de l'épouse devient prédominant dans les épisodes rituels comportant des rites d'hospitalité.

mane découle le respect dû à la vache du brahmane. Symbole du pouvoir du brahmane, la vache est aussi le symbole de la fécondité et de la prospérité matérielle. La mythologie célèbre la Vache d'abondance appelée Kâmadhenu, la vache qui exauce les désirs de ceux qui la traient. D'ailleurs, la terre féconde et nourricière est associée à la vache.

Un mythe raconte qu'ayant reçu la consécration royale — lors d'un *râjasûya* ou sacrifice solennel de consécration royale —, le bon roi Prithu s'empressa de venir au secours de ses sujets accablés par la famine depuis que son père, le roi qui l'avait précédé, avait enfreint les lois du *dharma*. Ce mauvais roi, qui aurait dû être le protecteur du *dharma*, avait pris son plaisir dans l'*adharma*, le « désordre » (*a-dharma*, « désordre »), en détournant le sacrifice de ses fins. Désireux de retrouver les plantes que la terre ne produit plus, Prithu poursuit la terre et l'attaque avec son arc et ses flèches. Traquée, la terre prend la forme d'une vache et s'enfuit devant lui. Ne pouvant trouver refuge, elle implore finalement le roi Prithu en prenant bien soin de lui rappeler qu'elle est le support de l'univers. S'il la tuait, les sujets n'auraient plus de nourriture. Devant ces arguments, Prithu est forcé de battre en retraite et la vache-terre consent à donner ses nourritures, à se laisser traire. Puis le récit décrit les onze traites de la vache-terre faites successivement par les diverses catégories d'êtres : dieux, ancêtres, sages, diverses divinités inférieures, serpents, montagnes, arbres. À chacune des traites, un être différent devient le veau, un autre fait la traite, chaque fois dans un vase approprié et, chaque fois, le lait de la traite est une nourriture différente. Chacun peut finalement tirer de la terre le lait nécessaire à sa subsistance. Le récit se termine par un éloge de la terre qui est une nourrice, une mère, une vache, une terre qui est le support de tout, qui produit tous les grains et toutes les plantes et qui exauce les désirs[5]. La terre-vache est une terre-mère, une terre-vache-mère qui veille sur sa progéniture et qui représente l'Inde non violente. Parmi les innombrables titres que les textes donnent au roi figurent ceux-ci : protecteur des hommes, maître de la terre, protecteur de la terre, supporteur du *dharma*, etc.

---

5. La version du mythe rapportée ici est celle du *Harivamsha*, chapitres 5 et 6 de l'édition critique publiée à Poona.

Outre la division sociale en quatre *varna*, une autre division apparaît dans le védisme tardif : celle des quatre étapes ou stades de l'existence, les *âshrama*. La théorie des *âshrama* trace un itinéraire que l'homme des trois catégories sociales supérieures — brahmane, *kshatriya* et *vaishya* — doit, en principe, parcourir. Il s'agit d'une norme idéale, qui n'a jamais eu de caractère d'obligation dans sa totalité, mais qui a été grandement mise en valeur. Les *âshrama* divisent l'existence terrestre en quatre tranches idéales de vingt ans : la période d'apprentissage, la vie familiale avec le mariage et la procréation, la retraite dans un ermitage, et finalement le renoncement à tout ce qui se rattache à la vie dans le monde.

Le premier stade est le *brahmacarya-âshrama*, le stade d'étudiant brahmanique. C'est le stade de vie du jeune garçon qui a reçu l'initiation qui a fait de lui un *dvija*, un deux-fois-né, et qui peut entreprendre l'apprentissage du Veda auprès d'un maître, études pouvant durer jusqu'à douze années dans le cas d'un brahmane. Le garçon quitte souvent sa famille pour aller vivre dans la famille de son *guru*, son maître spirituel. Il devient un *brahmacârin*, un étudiant brahmanique qui fait l'apprentissage du *brahman*, la parole védique. Il doit alors se soumettre à une vie qui comporte un certain entraînement ascétique : obéissance à son maître et même service de son maître, nourriture frugale et chasteté rigoureuse. Le service de son maître implique qu'il doit ramasser le bois pour le feu, entretenir le feu sacrificiel et faire paître la vache.

Le deuxième *âshrama* est le *grihastha-âshrama*, l'état de maître de maison. Au terme de ses études védiques, le jeune homme doit prendre une épouse, devenir maître de maison, entretenir son feu sacrificiel, réciter chaque jour une portion du Veda, procréer des fils, célébrer les rites et, pour faire vivre sa famille, s'adonner à un métier ou à une occupation compatible avec le statut de sa catégorie sociale. Le stade de vie de maître de maison, de *grihastha*, est donc le pivot du système à la fois social et religieux. Et quand apparaissent les premières rides et les premiers cheveux gris, quand il a vu le fils de son fils, le maître de maison peut alors songer à se retirer[6].

---

6. Selon *Lois de Manu* 6, 2.

Le troisième *âshrama* est celui d'ermite forestier, le *vânaprastha-âshrama*. C'est un état de vie idéal pour le chef de famille qui a vu naître ses fils et son petit-fils, ce qui lui garantit la continuité des rites. Ayant acquitté ses devoirs, il peut tout quitter pour aller s'installer, avec son épouse, dans un ermitage, un *âshrama*, à l'orée de la forêt, où il transporte son feu sacrificiel. Il y vit d'aumônes et se fait *guru*, maître spirituel, et pratique l'ascèse et la méditation. C'est un état d'existence que l'Inde ancienne a idéalisé et qui a été une source d'inspiration pour la littérature sanskrite.

En quatrième lieu, il y a l'état de renonçant, le *samnyâsa-âshrama*, où l'ermite, le *samnyâsin*, abandonne toute attache au monde, même son feu sacrificiel et la pratique de tous les rites, prend le bâton du pèlerin errant, et se consacre à la méditation pour se libérer de tout désir et atteindre la délivrance totale. En quittant pour toujours la société des castes, il se met aussi à l'écart des contraintes du *dharma*. Il se met en marge de tout système. Ce mode de vie a toujours été extrêmement valorisé. L'Inde actuelle compte bon nombre de ces *samnyâsin* ou renonçants qui vivent en marge des normes de la société et qui ont droit à la plus grande considération. Il ne faut cependant pas confondre *samnyâsin* et *sâdhu*. Le terme bien connu *sâdhu* est plus large, plus englobant ; c'est un terme général qui sert à désigner une grande variété d'ascètes indiens, moines, saints hommes qui ont renoncé à la vie en société pour poursuivre une quête spirituelle menant à la réalisation ou à la libération, *moksha*, et qui sont répartis en une grande variété de sectes[7].

Castes, pureté et impureté rituelles

À la classification ancienne des quatre *varna* ou catégories sociales s'est juxtaposé un second système beaucoup plus complexe et ramifié, le système des castes. La société indienne est fortement hiérarchisée par l'existence des castes et elle l'est à un point tel que la caste est la première clef d'accès à l'hindouisme tout autant qu'à l'univers indien dans

---

7. Pour une vision globale de cette structure sociale dans la perspective sacrificielle, voir l'article de Ch. Malamoud, « L'Inde brâhmanique. *Karman* des hommes, *mâyâ* des dieux ».

sa globalité. Le système des castes apparaît avant tout comme l'ensemble des *jâti*, des « groupes de naissance », c'est-à-dire la nomenclature des groupes sociaux réels d'un village donné, déterminés par la naissance. La *jâti* (prononcez *djâti*) se distingue d'une autre *jâti* par les caractéristiques spécifiques et les règles du groupe selon la naissance, ce qui signifie qu'à l'hérédité biologique, elle joint l'hérédité de statut. Chacune est identifiée par sa place dans la hiérarchie sociale, et cette place est elle-même conditionnée par deux facteurs : le métier ou l'occupation, et les habitudes alimentaires. En somme, c'est le degré de pureté ou d'impureté, avec sa conséquence directe du contact contaminant ou polluant, qui détermine le statut de la *jâti* à l'intérieur de l'organisation du village et qui règle les interdits et les privilèges. L'ensemble du système est caractérisé par la séparation des groupes et leur hiérarchisation les uns par rapport aux autres, et par une relation d'échanges de services, chaque *jâti* étant spécialisée dans une forme d'activité. Seule la classe des brahmanes est commune aux deux systèmes, celui des *varna* et celui des *jâti*.

La caste n'a pas perdu de sa force vivante dans l'Inde actuelle. Elle a résisté aux idéaux démocratiques de la Constitution indienne entrée en vigueur en 1950 en offrant une adaptation aux contingences d'une réalité moderne. Il existe des milliers de castes et de sous-castes qui concernent en principe les hindous, lesquels composent environ 82 % de la population indienne. Les autres minorités religieuses (musulmans, chrétiens, etc.) n'ont pas été à l'abri d'une certaine influence de cette organisation sociale. Les castes sont toutes identifiées par un nom et le statut social de telle *jâti* à l'intérieur du système peut être très variable d'une région à une autre. La caste est un groupe fermé ; on s'y trouve parce qu'on y est né. On y pratique l'endogamie, c'est-à-dire que les mariages se font généralement dans la même caste. De nouvelles sous-castes à l'intérieur d'une caste peuvent toujours apparaître tandis que d'autres peuvent fusionner. Rigidité farouche fondamentale, mais en même temps diversification, mouvements, agitations passagères, il y a là une mine inépuisable pour l'ethnologie et la sociologie. Il existe de très nombreuses études sur les castes en Inde, tant sur le système en général que sur des castes précises ou sur le système tel que vécu dans un village donné. La cueillette d'informations met à rude épreuve la patience et le flair des enquêteurs qui sont loin d'en avoir terminé avec les variantes régionales[8].

L'une des caractéristiques de la *jâti*, c'est la spécialisation héréditaire. Il y a des *jâti* de potiers, de forgerons, de charpentiers, de blanchisseurs, de tanneurs..., somme toute, il y en a pour tous les métiers traditionnels. Les occupations modernes ont entraîné des adaptations ; il n'y a pas, par exemple, de *jâti* d'informaticiens ou de pilotes d'avion, et les informaticiens et les pilotes d'avion continuent d'appartenir à leur caste de naissance. La spécialisation des tâches a pour corollaire une interdépendance des *jâti*, les groupes ayant besoin des services spécialisés des uns et des autres. Mais c'est dans les règles de ces échanges que résident les multiples complications et raffinements du système. Car les castes sont avant tout fondées sur la hiérarchisation des groupes, avec toutes les inégalités qu'un tel système peut impliquer et favoriser. Le système sert en quelque sorte de paravent pour justifier les inégalités sociales. La caste est l'expression de la spécificité, mais surtout de la différence, et le *dharma* personnel consiste à remplir le rôle imparti selon son rang dans la pyramide sociale. Ce qui préside à toutes les relations sociales, c'est une idéologie d'oppositions entre le pur et l'impur et la systématisation des degrés de pureté et d'impureté. Au sommet de l'idéal de pureté se trouvent les *jâti* de brahmanes qui forment 5 % à 6 % de la population actuelle. Au bas de l'échelle, les intouchables totalement impurs, ceux qu'il ne faut pas toucher parce que leur contact souille, et qui accomplissent toutes les tâches impures. Ils forment environ 15 % de la population actuelle. La pureté du brahmane étant particulièrement vulnérable, il est soumis à des contraintes constantes afin de se prémunir contre toute souillure et de conserver son degré de pureté.

---

8. Pour une bonne introduction générale au système des castes, avec toutes ses composantes, un aperçu des hypothèses ou explications de l'origine de la caste et ses transformations contemporaines, voir le petit livre de l'ethnologue Robert Deliège, *Le système des castes*, Que sais-je ? 2788, Paris, Presses universitaires de France, 1993.

Le sociologue Louis Dumont a apporté une contribution éclairante sur cette opposition du pur et de l'impur[9]. Il a montré comment le statut de la *jâti* est fonction de son degré de pureté ou d'impureté. La nourriture et les habitudes alimentaires sont un domaine particulièrement vulnérable à la pollution. Le régime végétarien strict est le plus pur ; les œufs, le poisson et les types de viande se situent dans une échelle graduée d'impureté. Ce sont les *jâti* les plus impures et qui n'ont rien à perdre qui peuvent se permettre de consommer de la viande de bœuf. La nourriture cuite est également affectée par celui qui la cuit, ce qui a pour conséquence qu'une nourriture préparée par un inférieur ne peut être acceptée. Cela implique que la cuisine préparée par le brahmane est la plus pure. De même, l'eau pouvant facilement être contaminée, les intouchables ont des puits séparés. D'autre part, il y a des choses qui sont impures et polluantes. Par exemple, toutes les substances qui viennent du corps sont impures, y compris le sang et la coupe des cheveux et des ongles. Sont donc impurs les blanchisseurs, les barbiers, les tanneurs, etc. La naissance cause une impureté temporaire, mais surtout la mort. Les sages-femmes et ceux qui s'occupent des morts sont donc impurs. Il est par conséquent nécessaire que des intouchables assistent les brahmanes officiants dans le rituel de la crémation. Inversement, certaines choses sont pures et purifiantes, comme l'eau sacrée du Gange, la pâte de santal, certaines herbes, comme l'herbe *kusha* ou *darbha*, les produits de la vache, dont l'urine et la bouse qui sont des agents de purification ou de désinfection.

Pour que soit possible la pureté des hautes castes, il faut que les castes impures, celles des intouchables, se chargent de toutes les tâches qui confèrent de l'impureté. C'est sur eux que l'on compte pour équarrir les bêtes, tanner les peaux qui serviront à fabriquer des sandales, ou pour se défaire d'un oiseau mort. À l'intérieur des castes de brahmanes, il y a même une hiérarchie dans laquelle les brahmanes

---

9. Louis Dumont, *Homo hierarchicus. Le système des castes et ses implications*, TEL, Paris, Gallimard, 1966.

rattachés à la crémation des morts ont le statut le plus bas[10]. La mort est source de pollution pour tous les proches. L'impureté rituelle affecte surtout le deuilleur principal, celui à qui incombe la célébration des funérailles. Après les rites de crémation, tous ceux qui ont été contaminés par la pollution due à la mort doivent vivre une période d'impureté et de deuil de durée variable, selon les castes et selon les régions, période pendant laquelle ils sont soumis à certaines règles et astreints à des rites de purification.

Le *dharma* régulateur des *karman*

Le statut social est déterminé par la *jâti*, c'est-à-dire par la naissance — le mot *jâti* signifie aussi naissance —, une naissance qu'on ne choisit pas et qu'on ne peut changer. Ce n'est pas par hasard qu'on naît vidangeur ou brahmane. La vie présente est un maillon dans la chaîne des naissances successives : elle est déterminée par les actes (*karman*) accumulés pendant les existences précédentes et, à son tour, elle prépare les renaissances futures. L'inégalité des naissances (*jâti*) et des castes (*jâti*) apparaît comme la résultante d'une justice immanente aux actes. Tout cela tient du *dharma*, de la norme, du bon ordre. Chaque *jâti* a ses traditions, ses divinités, ses rites et son *dharma* particulier. L'identité culturelle de la *jâti* est fonction de son *dharma*, de la loi qui assure son ordre et son bon fonctionnement, ce qui implique que chacun doit agir en conformité avec le *dharma* de sa *jâti*. Le *dharma* universel englobe la masse des *dharma* particuliers, lignes de conduite ou devoirs personnels que chacun doit respecter en tant que membre d'un groupe déterminé, d'une *jâti*.

La notion hindoue de *dharma* est un élargissement de la notion védique de *rita* qui signifiait l'agencement correct des parties du sacrifice, la démarche exacte dans l'acte rituel. Sur la rectitude dans l'exécution des rites sacrificiels reposait tout l'ordre cosmique avec l'alternance des jours et des nuits, la succession des saisons, l'alternance des pluies et du

---

10. Pour une illustration, voir l'article de Jonathan Parry, «Ghosts, Greed and Sin : The Occupational Identity of the Benares Funeral Priests», *Man* (*N.S.*) 15 (1980) : 88-111.

soleil aux bons moments. La *Bhagavad-Gîtâ* (prononcez *guîtâ*), « le chant du Bienheureux », un livre très respecté en Inde et bien connu à l'extérieur de l'Inde, le répète : « De la nourriture procèdent les êtres, et de la pluie naît la nourriture. Du sacrifice vient la pluie ; le sacrifice est engendré par l'acte rituel[11]. » C'était son aptitude à faire des rites (*karman*) qui distinguait l'homme de l'animal, qui le rendait supérieur à l'animal, et c'est aussi le rapport au sacrifice qui était à la base de la hiérarchisation des hommes en quatre *varna* ou catégories sociales.

Avec le système des *jâti*, le *dharma* ou l'ordre du monde n'est plus condensé dans la seule exécution des rites, dans le savoir-faire rituel, mais il est désormais réparti dans des observances et des interdits de tous ordres auxquels tout homme doit se soumettre. À la dimension cosmique et rituelle se surimpose une dimension morale ou éthique. C'est sa place dans la structure sociale qui définit l'homme, qui donne forme à sa vie, une place qu'il n'a pas choisie, mais qu'il occupe par sa naissance. L'identité individuelle a peu de prise dans cette conception des relations humaines. L'être humain se définit en fonction d'appartenances pour ainsi dire congénitales : il est homme ou femme ; il est brahmane, *kshatriya*, *vaishya* ou *shûdra* ; il est potier, agriculteur, presseur d'huile, menuisier... ; il en est à telle étape de son parcours terrestre. C'est en conformant sa conduite à son *dharma* propre, son *svadharma*, qu'il collabore au maintien de l'ordre général et à l'équilibre cosmique. La *Bhagavad-Gîtâ*, dont la rédaction se situerait vraisemblablement vers le IIIe ou le IIe siècle avant notre ère, enseigne qu'il vaut mieux accomplir son *dharma* propre, même médiocrement, plutôt que d'exécuter le devoir d'un autre, fût-ce à la perfection[12]. Il ne manque pas, dans la littérature narrative, épique et purânique, d'illustrations de crises causées par l'affaiblissement du *dharma* général — ce qui nécessite des interventions divines[13] — ou par des confusions de *dharma* particuliers.

---

11. *Bhagavad-Gîtâ* 3, 14, dans la traduction d'Anne-Marie-Esnoul et Olivier Lacombe (*La Bhagavad Gîtâ*, coll. « Points / Sagesses », Paris, Seuil, 1976).
12. *Bhagavad-Gîtâ* 3, 35.
13. Comme le dit *Bhagavad-Gîtâ* 4, 7.

Le terme sanskrit *dharma* est intraduisible, car il condense un éventail de sens qu'on ne saurait rendre par un seul mot dans une langue non indienne. Il englobe tout à la fois les sens de norme, de loi, d'ordre, de devoir et de rectitude, et même de religion. Il est issu de la racine verbale *dhri* qui signifie «soutenir, étayer, supporter». Il désigne d'abord la loi universelle qui soutient ou supporte tout l'univers, qui l'empêche de tomber dans le chaos. On dit qu'il est le *sanātana-dharma*, la loi éternelle. Le *dharma*, c'est encore l'ensemble des lois et des institutions humaines qui doivent générer tout ce qui concourt à la stabilité et à la prospérité. L'opposé du *dharma*, c'est l'*adharma*, le désordre, l'anormal, ce qui déroge à la norme, ce qui n'est pas conforme à l'ordre des choses. L'acte bon, c'est l'acte (*karman*) qui est en conformité avec le *dharma*, et l'acte mauvais, c'est l'acte (*karman*) qui déroge au *dharma* ou qui est contraire au *dharma*.

À la fin du védisme, les textes des *upanishad* ont répandu l'idée que tous les actes (*karman*) entraînent des effets, non seulement en cette vie, mais aussi dans une autre vie. Rappelons que le terme *karman* issu de la racine *kri*, «faire, agir», désigne autant l'action banale de la vie quotidienne que l'activité rituelle. Dans le contexte des *upanishad*, le mot *karman* inclut en outre l'effet ou la conséquence, bonne ou mauvaise, de l'acte. La somme des actions (*karman*) bonnes et mauvaises, c'est-à-dire conformes et non conformes au *dharma*, forme le *karman* total d'une vie. C'est sur ce bilan du poids des actes accomplis que joue la doctrine de la rétribution des actes, ce qu'on appelle la doctrine du *karman* et des renaissances. Parce que tout acte (*karman*) entraîne des effets, on dit qu'il y a mûrissement ou maturation de l'acte et c'est ce qui condamne à renaître indéfiniment pour récolter les fruits, bons ou mauvais, qui n'étaient pas parvenus à maturité pendant une existence terrestre. C'est ce qui est appelé le *samsāra*, l'éternel retour dans l'océan des existences, à l'image des eaux du fleuve qui coulent sans cesse de la source jusqu'à l'océan, des eaux toujours pareilles, mais toujours différentes.

Le *karman* générateur des renaissances

De toute évidence, l'idée de la transmigration du principe vital dans des corps différents, à travers des existences terrestres successives, n'a pas toujours eu cours en Inde. Elle n'était qu'embryonnaire à l'époque des plus anciens textes du Veda[14]. Les préoccupations convergeaient vers l'activité rituelle comme moyen nécessaire pour garantir la continuité de l'équilibre dans l'univers, pour satisfaire les divinités et s'attirer leurs faveurs, ainsi que pour se garantir une place au ciel. Les inquiétudes quant à la vie future semblaient bien se concentrer sur cette place à prévoir au ciel, une place qu'on irait occuper après la mort. On recherchait la longue durée de vie. On se souciait moins de la vie après la mort que de la vie ici-bas, une vie qu'on souhaitait heureuse, prospère, bien remplie et longue. C'était même une faveur qu'on sollicitait sans cesse des divinités. Ceux qui étaient gratifiés d'une longévité remarquable étaient dignes de la plus haute considération. Ce n'était cependant pas la mort comme telle que l'on appréhendait, mais bien la mort prématurée. Seule la mort à un âge avancé était considérée correspondre à l'ordre normal des choses. Après la mort, on allait occuper la place qu'on s'était réservée dans le ciel, là où se retrouvaient les dieux et les ancêtres. Aussi fallait-il avoir préparé cette place.

Or, c'était l'activité rituelle qui assurait la longévité sur le plan personnel, la même activité rituelle qui permettait aussi une recherche équivalente de durée sur le plan universel ou cosmique. Lilian Silburn a démontré que l'acte rituel était conçu comme un acte organisateur qui voulait lutter contre l'éphémère en construisant la durée et la continuité[15]. Mais cette construction de la durée exigeait la répétition inlassable des rites pour maintenir la durée de leurs effets positifs, car les mérites acquis par les rites n'étaient qu'éphémères et la vie dans l'au-delà n'était pas éternelle. L'un des fruits du sacrifice était de conduire au ciel mais, comme tous les effets des rites, la durée de ce séjour était limitée. On recherchait la longue durée des mérites, comme on recherchait la

---

14. Pour une discussion concernant l'émergence de la doctrine du *karman*, voir Herman W. Tull, *The Vedic Origins of Karma*, Albany, State University of New York Press, 1989.
15. Voir chapitre 1 : « Le sacrifice initial et sa commémoration ».

longue vie. On accomplissait des rites pour obtenir des biens ou des fruits pour ce monde-ci et pour l'au-delà. Mais on craignait l'épuisement, dans l'au-delà, des mérites durement gagnés par les rites et, par le fait même, on craignait une seconde mort dans l'au-delà, ce qu'on appelait *punar-mrityu*, la « re-mort » ou la mort répétée. Les abondantes discussions des *brâhmana*, qui ont suivi les textes les plus anciens du Veda, ont contribué à la connaissance du mécanisme du rite sacrificiel et ont fait de cette connaissance technique un refuge pour se prémunir contre la mort répétée.

Au fil des siècles, pendant qu'on poursuivait une activité rituelle assidue régulatrice de l'ordre universel, des notions nouvelles ont surgi. On vit se mettre en place les notions de transmigration, de jugement avec la pesée des actions bonnes et des actions mauvaises, de paradis et d'enfers de durée limitée et donc transitoires, ainsi que la notion de *karman* englobant l'acte et ses effets, des effets influant sur l'après-vie et sur la condition de la renaissance. L'idée de la transmigration s'est répandue et généralisée surtout grâce à l'influence des *upanishad*, des textes qui marquent la fin de la période védique, et dont les deux plus anciennes auraient été rédigées vers le VIe siècle, peut-être même dès le VIIIe siècle avant notre ère[16]. Avec ces deux premières *upanishad*, la notion de transmigration se trouvait définitivement installée ; elle était devenue ce qu'il est maintenant convenu d'appeler la doctrine du *karman* et des renaissances.

Avec les *upanishad*, les choses deviennent toutefois plus complexes. Ces textes spéculatifs esquissent la doctrine du *karman* avec son corollaire, la notion de *punar-janman*, la « re-naissance », ou les naissances répétées. Afin d'éviter les glissements faciles, le mot moderne « réincarnation », qui a pris beaucoup de vogue en Occident depuis le XIXe siècle, ne sera jamais utilisé dans ce livre, le mot « renaissance » traduisant plus fidèlement le terme sanskrit *punar-janman* (« re-naissance ») et rendant mieux compte du poids de cette notion dans la tradition indienne. La doctrine implacable du *karman* veut que l'acte produise nécessairement des effets, ou des fruits, qui influent sur l'après-vie et sur les conditions des renaissances. Ce qui sous-entend que toute action laisse

---

16. Ce sont la *Brihad-Âranyaka-Upanishad* et la *Chândogya-Upanishad*.

des traces invisibles, mais bien imprégnées dans le psychisme, des traces qui déterminent les renaissances et leurs conditions. Chacun récolte ce qu'il a semé, pourrait-on dire.

L'exposé de cette doctrine est étayé par d'amples spéculations sur le *brahman* conçu comme le principe universel ou l'âme cosmique, et sur l'*âtman*, le « soi » intemporel ou l'âme individuelle. À l'échelle réduite individuelle, l'*âtman* ou le soi reflète le *brahman*, le macrocosme, et lui est même identique. Au savoir-faire rituel qui garantissait l'efficacité du sacrifice, les *upanishad* substituent la connaissance de l'*âtman*. L'*âtman*, c'est-à-dire l'âme ou le principe vital, est éternel, indestructible. Il subsiste à la mort de l'individu, il transmigre, revêt un autre corps et poursuit son existence indéfiniment. Lorsqu'il est dépouillé du corps mortel, il se fond dans le *brahman* universel. La *Bhagavad-Gîtâ* dit : « À la façon d'un homme qui a rejeté des vêtements usagés et en prend d'autres, neufs, l'âme incarnée, rejetant son corps usé, voyage dans d'autres qui sont neufs[17]. » La connaissance de l'*âtman* libère de la peur de la seconde mort, dont on ne parle plus désormais ; cependant, l'effet du *karman* entraîne l'*âtman* dans la chaîne sans fin des existences, dans le *samsâra*. La notion de *punar-mrityu*, la « re-mort » ou la mort répétée, qui avait d'abord prévalu, a cédé la place à son double, la notion de *punar-janman*, la « re-naissance » ou les naissances à répétition.

La doctrine du *karman* et des renaissances, avec sa ronde infernale du *samsâra*, implique des séjours, non pas permanents, mais passagers, dans l'au-delà. Ce qui veut dire que ciel et enfer ne sont que des étapes transitoires, que les séjours ne peuvent pas y être définitifs. Si le cumul des effets bons l'emporte, l'homme fait un séjour plus ou moins long dans l'un des mondes célestes, puis renaît dans une condition heureuse, supérieure à la précédente. Mais si, au contraire, les effets mauvais sont plus imposants, il doit faire un séjour dans l'un des nombreux enfers que certains textes ont décrits, et renaître dans une condition inférieure, malheureuse, et peut-être même méprisable. Aussi a-t-il tout intérêt à se conformer le plus fidèlement possible à son *dharma*. La loi du *karman* fait qu'il n'y a jamais de bilan nul, qu'au contraire il subsiste toujours un résidu qui rend impos-

---

17. *Bhagavad-Gîtâ* 2, 22 (trad. A.-M. Esnoul et O. Lacombe).

sible l'accès à la délivrance des renaissances. Le séjour transitoire au ciel ou en enfer permet de consommer les fruits du *karman* accumulé, mais il n'épuise pas le reste du *karman*, bon ou mauvais. Ce résidu entraîne une nouvelle naissance dans laquelle un nouveau *karman* sera accumulé. Et le mécanisme continue de tourner, et tourne sans cesse[18].

En revanche, les réflexions des *upanishad* sur l'*âtman* ont fait valoir la supériorité de la connaissance ou du savoir sur le savoir-faire technique dans l'accomplissement des rites, un savoir-faire qui garantissait les résultats espérés. Sans renier la nécessité des rites, elles en font cependant voir les limites. Elles soutiennent que les actes rituels ou *karman* maintiennent l'homme dans le désir et dans l'ignorance. L'homme qui agit désire récolter le fruit de ses actes. C'est le désir d'un fruit escompté ou d'un résultat à atteindre qui est à la source de l'acte. C'est parce qu'il entretient sans cesse des désirs que l'homme répète inlassablement les mêmes gestes. C'est donc l'action, ou le rite, qui le condamne à renaître indéfiniment pour épuiser les résidus de son *karman*, bon ou mauvais[19]. C'est donc l'action, ou le rite, qui le maintient dans le tourbillon des existences, dans le *samsâra*. Et c'est la qualité de l'action, du *karman*, qui détermine le type de renaissance et ses conditions. L'*âtman* est prisonnier dans l'engrenage du *karman* et tourne sans fin dans la ronde des existences, dans le *samsâra*. Pour s'en échapper, il faudrait arriver à éteindre tout désir, en ne conservant que le désir de l'*âtman*, ou que le seul désir de se libérer, c'est-à-dire de se délivrer à tout jamais des renaissances et d'atteindre le lieu d'où il n'y a plus de retour sur terre. On peut donc dire que, dès son apparition, la doctrine du *karman* et des renaissances était déjà affligée du même mécanisme aveugle que la doctrine du sacrifice védique : d'une part, la répétition sans fin et mécanique des gestes rituels pour retirer les bénéfices du sacrifice ; d'autre part, le retour sans cesse répété dans la roue du *samsâra*. Lorsque sont épuisés les

---

18. Pour un exposé solide et de lecture aisée sur la conception indienne de la transmigration, voir Michel Hulin, « L'Inde et la transmigration », dans *La face cachée du temps. L'imaginaire de l'au-delà*, Paris, Fayard, 1985 : 347-396.
19. Voir *Bhagavad-Gîtâ* 2, 43.

effets, soit des rites, soit du *karman*, il y a nécessité de recommencements : de nouveaux rites ou bien de nouvelles naissances.

Le mot *samsâra* vient de la racine *sam-sri*, « couler avec ». Il évoque l'idée d'un flot continu, sans commencement ni fin, d'une errance dans l'océan ou la suite des existences. Si le désir des hindous en général est de renaître dans une situation plus avantageuse ou, au moins, de ne pas déchoir, le sage, pour sa part, rêve plutôt de parvenir à s'échapper de la force de ce courant qui l'entraîne irrémédiablement. Il n'aspire pas à faire son bonheur ici-bas ou dans l'au-delà ; il aspire plutôt à épuiser son *karman* et à s'affranchir du poids asservissant des renaissances à répétition. Faire son salut, c'est parvenir à traverser le fleuve angoissant des existences pour atteindre « l'autre rive », un au-delà définitif. C'est ne plus avoir à renaître, c'est mourir pour la dernière fois, c'est s'éteindre définitivement. Pour traduire cette quête, les Indiens ont développé la métaphore de la traversée et du passeur, un passeur qui conduit la barque pendant la traversée vers l'autre rive. Le passeur, c'est le moyen qui aide à faire la traversée vers la rive de la libération. Cette métaphore a été une source d'inspiration pour les artistes et les poètes.

La tradition religieuse indienne — ce qu'on appelle l'hindouisme — s'est ingéniée à chercher des moyens permettant de sortir à tout jamais du cycle des renaissances perpétuelles. La quête de la délivrance des renaissances, qui est la quête du *moksha*, le salut, est devenue le but suprême de l'homme. Si le rite condamne à renaître, il s'agit de sortir du monde des rites ou de l'action pour se défaire des chaînes du *karman*. L'hindouisme a offert plusieurs voies de libération parmi lesquelles se trouve la connaissance de l'absolu, ou de l'identité de l'*âtman* et du *brahman* prônée par les *upanishad*. Dans cette recherche, l'Inde a aussi vu fleurir le mode de vie idéal du renoncement à toutes les activités du monde, une vie hors du monde dans laquelle le renonçant, le *samnyâsin*, celui qui a atteint le quatrième *âshrama* ou stade de la vie, quitte toute attache à sa famille et au monde, abandonne ses feux sacrificiels et la pratique de tous les rites, et se voue à la quête d'une vérité profonde, afin de se libérer de tout désir et d'atteindre la libération totale et définitive. Aux rites toujours inachevés qu'il faut sans cesse refaire, le renonçant substitue le sacrifice de soi. En contrepartie, la *Bhagavad-Gîtâ*, l'un des textes-clefs de l'hindouisme, enseigne à considérer l'accomplissement de son *svadharma*, son *dharma* propre, comme un sacrifice contribuant à l'ordre du monde[20]. Elle incite à demeurer dans le monde de l'action, à continuer à faire des actes, mais sans en désirer les fruits[21]. Accomplir son *dharma* propre de façon complètement désintéressée, agir sans attachement aux fruits, cela ne laisserait pas de trace entraînant des renaissances. L'opposé du *samsâra*, c'est donc *moksha*, la libération, ce qui signifie la rupture définitive avec le cycle des renaissances. C'est l'atteinte de l'absolu.

Pour bien des Occidentaux, le mot *samsâra* fait surgir à l'esprit le souvenir d'un court roman allemand qui a enthousiasmé tout l'Occident. Il s'agit du roman intitulé *Siddhartha* qu'Hermann Hesse, prix Nobel de littérature, a publié en 1922. Le héros Siddhartha passe son existence sur les rives d'un fleuve, en Inde, englué, déplore-t-il, dans le *samsâra*, jusqu'à ce qu'il entende les sages paroles d'un humble passeur qui lui enseigne à écouter le fleuve pour apprendre l'unité de la vie et découvrir sa voie. Le héros Siddhartha est un brahmane qui devrait vivre son *dharma* héréditaire, système que Hesse connaît sans doute, lui qui est fils et petit-fils, tant du côté maternel que paternel, de pasteurs missionnaires en Inde. Mais le romancier ne retient des valeurs brahmaniques que celles qui sont susceptibles de satisfaire ses lecteurs occidentaux. À travers les thèmes hindous et bouddhiques, il fait sa propre interprétation du droit à la différence. Si le cadre de son roman est celui de l'Inde du VIe siècle avant notre ère, à l'époque de Siddhârtha Gautama devenu le Bouddha, l'«éveillé», l'atmosphère n'en est pas moins celle d'une certaine morosité existentielle de l'époque de Hesse. Sous la plume de Hesse, le *samsâra* exprime l'idée du cercle vicieux d'une vie qui n'en finit plus de tourner en rond, bien plus que l'idée du mécanisme de la transmigration. Sa solution est finalement plus près du bouddhisme qui offre à tous, sans distinction de classes, la possibilité du même salut.

---

20. Voir *Bhagavad-Gîtâ* 3, 8-9.
21. Voir *Bhagavad-Gîtâ* 3, 19 et 25.

L'hindouisme : une tradition transmise de père en fils

Vouées aux spéculations d'ordre, non plus sacrificiel, mais métaphysique, les *upanishad* apparaissent comme l'achèvement du Veda, ou des textes qui composent le corpus védique. Les hymnes du Veda étaient centrés sur les dieux et sur le rite, ils ignoraient la libération. Préoccupés par le mécanisme du sacrifice, les *brâhmana* recherchaient le moyen d'atteindre le ciel et de ne pas mourir à nouveau dans l'au-delà, le moyen d'échapper à la mort répétée (*punar-mrityu*), sans qu'il y soit pourtant question de naissances répétées (*punar-janman*). Quant aux *upanishad*, elles enseignent que les actes (*karman*) condamnent à renaître ; mais elles enseignent aussi la connaissance qui mène à la délivrance des renaissances. Alors que les *samhitâ* ou collections d'hymnes forment la partie la plus ancienne du Veda, ce sont les *upanishad* qui en constituent la partie la plus tardive. Elles font partie du *vedânta* (*veda-anta*), « la fin, l'achèvement du Veda ». À travers un long processus d'une dizaine de siècles, le védisme s'est progressivement transformé en hindouisme, sans qu'il soit possible d'établir une démarcation nette entre les deux.

L'hindouisme est une religion sans fondateur, sans dogmes fixes, sans autorité suprême. Le terme n'est d'ailleurs apparu que vers 1830, lorsque les Britanniques ont ajouté un suffixe « *ism* » au mot « *hindu* ». L'orthographe est due à l'appellation *hindu* que les Perses (les anciens Iraniens) donnaient à la région s'étalant le long du grand fleuve, ce que les Indiens disaient par le mot *sindhu*, l'un et l'autre mot signifiant rivière ou fleuve. Pour les Indiens, ce fleuve, dont le bassin fut le foyer d'une civilisation florissante, c'était l'Indus, qu'ils appelaient aussi Sindhu, le Fleuve par excellence. C'est l'Indus qui a donné son nom à l'Inde, autrefois appelée pays des Bhârata[22]. Les conquérants musulmans des premières vagues étendirent l'appellation territoriale *hindu* aux coutumes locales des habitants de cette contrée. Et c'est finalement par absence de dénomination spécifique

---

22. Les Bhârata sont les descendants du roi Bharata. L'épopée du *Mahâbhârata* raconte les luttes entre cousins issus de ce roi.

que furent appelés *hindu* ceux qui n'adhéraient à aucune des religions portant une identification : islam, bouddhisme, jaïnisme, parsisme, sikhisme, christianisme. Si les hindous n'ont pas donné eux-mêmes un nom à leur façon de vivre, c'est qu'ils se réclamaient du *sanâtana-dharma*, de la loi éternelle. Actuellement, environ 82 % de la population indienne est hindoue.

L'hindouisme est fondé sur une tradition qui se vit et se transmet à l'intérieur d'une organisation sociale qui est celle du système des castes. L'hindou n'a pas à modeler sa conduite sur l'exemple que lui présenterait un fondateur, ni à l'appuyer sur ses enseignements. Il est avant tout inséré, par sa famille, dans un certain ordre social dans lequel il évolue. Le premier de tous ses devoirs est le devoir d'état lié à sa caste. Il adhère aux croyances et aux pratiques rituelles de la tradition vécue dans le groupe auquel il appartient par sa naissance. Son enseignement, il le reçoit de la tradition ancestrale. Le terme « religion », au sens où on l'entend habituellement, convient mal pour l'hindouisme. Il est préférable d'en parler comme d'une tradition religieuse — une grande tradition religieuse — dont la transmission se fait dans le cercle familial. En dépit de son visage multiforme, de ses multiples expressions, et de ses ramifications en sectes très nombreuses, l'hindouisme reste cependant une tradition très organisée, remontant à des sources très lointaines qui en garantissent la pérennité.

Sans autorité suprême et sans clergé constitué, l'hindouisme repose sur les valeurs de lignée. La pratique religieuse, tout comme les rites domestiques, se fait à la maison, selon la tradition de la famille dans laquelle on a vu le jour. La fréquentation des temples n'est qu'occasionnelle, et les cérémonies qui s'y déroulent ont principalement lieu à l'occasion des fêtes et des pèlerinages. D'ailleurs, même s'ils sont souvent de dimension imposante, les temples sont privés, ils appartiennent à de grandes familles et les prêtres desservants qui y résident — et qui sont loin d'être tous brahmanes — louent leurs services pour permettre la rencontre (*darshana*) avec la divinité du lieu. La continuité de la tradition ancestrale se vit au quotidien dans le milieu familial. C'est le *dharma* tel qu'il doit se vivre dans ce groupe précis avec ses obligations auxquelles les membres du groupe ne peuvent se soustraire. De même que le centre de la maison, c'est le foyer avec son feu domestique, le centre de la vie hindoue, c'est le foyer familial. La dichotomie, bien connue depuis les travaux de Mircea Eliade, entre sacré et profane, s'applique mal à l'Inde, car il n'y a pas de séparation entre religion et vie.

L'hindouisme est une façon de vivre. La transmission de la tradition se fait dans la famille. L'hindou vit comme son père a vécu, il répète ce qu'il a appris de son père qui l'avait lui-même appris de son propre père. Les rites qu'il accomplit sont des traditions ancestrales, ce sont des manifestations de la vie familiale. Il célèbre les rites comme son père lui a enseigné à le faire, comme son grand-père le faisait. Il ne faut donc pas s'étonner que l'hommage aux *pitri*, les ancêtres de la lignée, compte parmi les rites les plus importants. Quand il célèbre les rites postfunéraires des *shrâddha*, l'hindou doit nommer ses trois ancêtres immédiats au moment où il fait l'offrande à chacun d'eux d'une boulette de nourriture. C'est le maître de maison, le *grihastha*, c'est-à-dire l'époux et père de famille, qui accomplit les rites pour les siens. Il est le dépositaire de la tradition, il est un maillon dans la chaîne de transmission de la tradition.

Les textes sources indiens sur la pratique des rituels

Les nombreux travaux de type anthropologique fondés sur l'observation méticuleuse faite sur le terrain sont un apport indispensable à la connaissance de la pratique des rituels hindous. Il arrive couramment que les résultats de ces cueillettes d'informations se heurtent aux variations dans les coutumes locales, ainsi qu'à des variations dans les habitudes rituelles dues à des traditions scripturaires différentes. Car il y a, en Inde, une masse énorme de textes relatifs aux rites et au *dharma*, et ces textes se rattachent à des écoles différentes. Cette diversité laisse place à des divergences de vues. Bien souvent, l'humble villageois qui pratique pieusement ses rites ne sait pas de quelle école il se réclame. Il se contente de répéter ce qu'on lui a appris et de perpétuer sa tradition comme il l'a reçue dans sa caste. Le recours aux textes sources indiens, c'est l'accès à un véritable coffre aux trésors dans un univers marqué par la prolifération, la démesure, la manie de la catégorisation et de la systématisation.

Dans la période védique qui a suivi la composition des *brâhmana*, les informations tant descriptives que prescriptives concernant le rituel ont proliféré à un point tel que s'est imposée la nécessité de les préserver. On a éprouvé le besoin de traités qui, contrairement aux élaborations et aux longues discussions des *brâhmana*, pouvaient comprimer cette masse d'informations dans une forme directe et simple. On a créé à la fois un genre littéraire et un style, tous deux caractérisés par la concision et la systématisation. La formulation qui en résulte s'apparente à un mécanisme mnémotechnique qui condense dans un minimum de mots un maximum de contenu. Ce style, ou cette phrase comprimée à la façon d'un axiome, est appelé *sûtra*, mot qui, au sens propre, signifie « fil, cordon, fibre » ; en l'occurrence, il désigne le fil conducteur qui traverse la trame pour garantir la cohérence de l'exposé. À ce propos, Jean Filliozat évoque l'expression bien connue en français, « fil du discours », car il s'agit bien, dit-il, de « l'enchaînement continu de ses éléments successifs, qu'il forme un fil de coton ou un fil de discours ». Il ajoute que le terme signifie « à la fois traité et enfilade de règles[23] ». On a pris l'habitude de traduire le terme par « aphorisme », en raison des formulations brèves et directes qui caractérisent ce genre. Les *sûtra*, ou aphorismes, ont été le fruit d'un besoin de fixer une masse de détails dont la connaissance était nécessaire à ceux qui devaient transmettre le savoir. Les formulations concises des *sûtra* ont cependant le désagrément de rendre le texte souvent obscur. Elles ont donc nécessité des explications, des commentaires. Le commentaire est d'ailleurs un genre annexe qui a connu une vogue extraordinaire en Inde, pour tous les genres littéraires.

Parmi les divers types de recueils de *sûtra*, ce sont les *kalpa-sûtra*, ou « aphorismes sur la pratique du rituel », qui alimentent le mieux notre connaissance de la culture religieuse

---

23. Jean Filliozat, « Sur quelques désignations de textes sanskrits », dans *Ludwik Sternbach Felicitation Volume*, Lucknow, Akhila Bharatiya Sanskrit Parishad, 1979 : 256.

indienne. Les *kalpa*, ou guides de la pratique du rituel, considérés eux-mêmes comme un genre en soi, sont de véritables manuels de rituels qui enseignent la pratique du rituel ou la manière d'agir lors de la célébration de tel ou tel rite. Ils ne font pas partie du Veda ; ils forment cependant l'un des six membres ou sciences auxiliaires du Veda, les *vedânga*, qui se collent au corpus védique, le savoir fondamental, pour en favoriser la compréhension. Les *kalpa-sûtra* n'ont pas pour but, comme les *brâhmana*, d'interpréter les actes ou rites (*karman*) du sacrifice védique ; ils ne visent qu'à organiser et à consigner de façon extrêmement minutieuse les traditions et les rituels, selon leur école d'appartenance. Mais ils sont complémentaires et, d'une certaine façon, indispensables à la compréhension des *brâhmana*. Ce qui les distingue encore, c'est le fait que les *brâhmana* sont des textes inspirés et discursifs relevant de la *shruti*, de la révélation, tandis que les *kalpa-sûtra* sont des œuvres humaines, identifiées par le nom de leur auteur[24]. Ils appartiennent à la *smriti*, c'est-à-dire à la littérature fondée sur le souvenir ou la mémoire, une littérature qui est avant tout didactique.

Il serait hasardeux de fixer une date de composition pour les *sûtra* et les *kalpa-sûtra*. On peut dire que ces recueils appartiennent à la fin de la période védique et qu'ils sont antérieurs à l'épopée. Les *kalpa-sûtra* ou aphorismes sur le rituel regroupent trois catégories de *sûtra* : les *shrauta-sûtra* ou aphorismes concernant le rituel solennel, les *grihya-sûtra* ou aphorismes concernant le rituel domestique, ainsi que les *dharma-sûtra* ou aphorismes sur le *dharma*. La ligne de démarcation entre rites solennels et rites domestiques est parfois ténue, car certains rites trouvent leurs descriptions dans les deux sphères. Comme il a été dit précédemment, c'est le cas pour les cérémonies funéraires qui sont décrites dans les *grihya-sûtra*, mais qui, pour un *âhitâgni*, requièrent les trois feux, et trouvent de ce fait une description dans les *shrauta-sûtra*. Quant aux *dharma-sûtra*, les aphorismes sur le *dharma*, ils comportent certains aspects communs avec les *grihya-sûtra*, mais ils envisagent les comportements sous un angle souvent différent et, surtout, ils ont une portée élargie.

---

24. Pour une revue systématique des *kalpa-sûtra*, voir le livre de Ram Gopal, *India of Vedic Kalpasûtras*.

Ils consignent les données d'usage social et de droit coutumier. Ils définissent ce qui compose le comportement correct : l'ensemble des droits et des devoirs relatifs à la caste ou à la classe sociale (*varna-dharma*), aux différents stades de la vie (*âshrama-dharma*), les devoirs rattachés aux circonstances occasionnelles, les règles concernant la pureté rituelle, les interdits, etc., en somme les devoirs inhérents à tous les aspects de la vie sociale. La diversité des traditions, selon les écoles des Veda et leurs ramifications, d'où les *sûtra* tirent leur appartenance, explique les variations dans la pratique des rites et les coutumes localisées.

Il existe encore une autre forme de textes, les *shâstra*, qui sont des traités plus amples écrits, pour la plupart, en vers. Les *shâstra* ont pour objet le comportement humain dans sa globalité, dans la multitude de ses facettes et de ses situations qu'on sait disséquer et étiqueter à la limite du possible. Or il se trouve que l'activité rituelle est partie intégrante de l'activité humaine. Il est donc normal de retrouver aussi dans les *shâstra* des sections consacrées aux rites. Le mot *shâstra* signifie d'abord : « précepte, règle, norme, instruction » ; en second lieu, il désigne un traité technique ou un ouvrage didactique comme un traité de médecine, d'architecture ou de musique. Les *shâstra* sont identifiés par le nom des *rishi* ou sages à qui ils sont attribués. Ils ont partie liée avec la norme sociale et religieuse, rituelle et juridique, individuelle et collective, cette norme globalisante qui porte le nom de *dharma*. Mais cet ordre n'est jamais assuré ; il a besoin d'être constamment soutenu et garanti par des rites et des observances et préservé du désordre, de l'*adharma*. Les traités normatifs que sont les *shâstra* sont de véritables codes de loi, des traités de *dharma*, des *dharma-shâstra*, faits de prescriptions qui régissent la vie de l'homme, qui enseignent ce qu'elle doit être, et qui se présentent comme un prolongement et un parachèvement des *brâhmana*. Contrairement aux *sûtra*, qui ne sont que pures descriptions techniques, et qui se limitent au savoir-faire, à la rectitude technique, les *shâstra* développent une dimension davantage éthique, car ils s'attachent au savoir-être, aux devoirs de l'individu dans la société. Ils enseignent comment se comporter dans la myriade de situations que l'existence réserve aux humains. Ils enseignent la pratique du *dharma*.

Ces codes de lois que sont les *dharma-shâstra* énoncent des prescriptions et expliquent les observances nécessaires au maintien du *dharma* et à sa pratique dans le cadre familial ou dans le cadre communautaire. Le plus célèbre de ces codes est le *Mânava-dharma-shâstra*, appelé aussi *Manu-smriti*, mais désigné communément par *Lois de Manu* (prononcez Manou). Ce livre a connu une grande renommée, car il a toujours eu la réputation de refléter l'idéal indien en matière de *dharma-shâstra*. Il est fait de 2 685 versets touchant à peu près toutes les facettes de la vie dans le monde : les devoirs selon les castes ou les classes sociales (*varna-dharma*), les devoirs pour chacun des stades de la vie (*âshrama-dharma*), les devoirs du roi, les châtiments pour les différentes sortes d'offenses ou de manquements, les relations entre les hommes et les femmes de castes différentes, les relations entre époux, tous les aspects de la vie familiale, les pratiques rituelles, etc. L'ouvrage aurait été composé entre le IIe siècle avant notre ère et le Ier siècle de notre ère. La première traduction des *Lois de Manu* en langue occidentale a été faite par l'un des pionniers de l'indologie, Sir William Jones, et publiée par la Société asiatique du Bengale, à Calcutta, en 1794. Sa traduction anglaise a été traduite en allemand en 1797. L'ouvrage a par la suite été traduit à nouveau en allemand, en anglais, en portugais, en russe ; il l'a été aussi en français, en 1833, par A. Loiseleur-Delongchamps. On se réfère constamment aux *Lois de Manu* comme à une autorité supérieure ancienne[25].

Mais pour un accès rapide au contenu de l'ensemble des textes normatifs sanskrits des différentes époques, c'est surtout le travail gigantesque d'un *pandit* érudit, Pandurang Vaman Kane (prononcez Kané) qui est d'un grand secours par sa présentation, pourrait-on dire, encyclopédique, de tous ces ouvrages. Kane a fusionné cette masse de manuels, d'ouvrages didactiques et de commentaires, il a regroupé les informations qu'ils contenaient sous un grand nombre de rubriques sur lesquelles se greffent toutes les dimensions

---

25. Les traductions les plus accessibles des *Lois de Manu* sont : *The Laws of Manu*, avec introduction et notes, traduction de Wendy Doniger et Brian K. Smith, Penguin Books, 1991 ; *The Laws of Manu*, traduction avec extraits de sept commentaires par Georg Bühler, coll. « Sacred Books of the East », vol. 25, Delhi, Motilal Banarsidass, 1886 (réédition en 1988).

possibles de la vie en société. Non seulement a-t-il colligé les informations des *kalpa*, des *sûtra*, des *shâstra*, mais il a en outre inclus celles que renferment les épopées, les *purâna* et les textes des commentateurs. C'est ainsi qu'entre 1930 et 1962 il a publié, en anglais, son *History of Dharmashâstra*, comprenant huit gros volumes totalisant près de sept mille pages[26]. Dans sa présentation, Kane affirme avoir passé en revue la plupart des ouvrages et des auteurs de *dharmashâstra* sur une période d'environ vingt-cinq siècles. Cette légion d'ouvrages visaient, écrit-il, à réglementer la vie en société sous tous ses aspects — civil, religieux et moral — pour assurer le bonheur dans ce monde et dans l'autre. Il ajoute que ces écrits ont contribué à préserver la culture et la littérature indiennes au milieu des cultures étrangères et en dépit de la domination étrangère[27]. L'immense compilation de Kane constitue actuellement l'ouvrage de référence le plus élaboré sur les questions de rituel et de *dharma* en général. La brève incursion qui vient d'être faite dans la littérature normative permet aisément d'imaginer que, pour quiconque s'intéresse à ces questions, il n'y a aucun risque de faire face à un manque de textes sources. C'est plutôt la profusion et la diversité, avec leurs variantes, qui déconcertent. Et la section touchant les rites funéraires et postfunéraires n'est pas la moins bien fournie.

---

26. Pandurang Vaman Kane, *History of Dharmashâstra (Ancient and Mediæval Religious and Civil Law)*, Poona, Bhandarkar Oriental Research Institute, 5 vol. en 8 tomes, 1930-1962. Les descriptions et les prescriptions concernant les rituels funéraire et postfunéraire se trouvent dans le vol. 4 : 179-551.
27. P. V. Kane, *History of Dharmashâstra*, vol. 1, partie 2 : 980 (réédition en 1975).

CHAPITRE

Le rituel hindou de la crémation : à la jonction du sacrifice védique et des rites de perfectionnement

E rituel funéraire hindou s'insère dans les rites domestiques (*grihya*), et il comporte des rites obligatoires (*nitya*) commandés par le *dharma*, auxquels on a toute liberté d'ajouter, pour une efficacité accrue, des rites facultatifs (*kâmya*), le principe étant que les bénéfices peuvent être cumulatifs. D'un point de vue extérieur, les cérémonies funéraires ont d'abord pour but de se défaire du cadavre du défunt, puis de se prémunir contre un retour possible de l'esprit du mort qui viendrait troubler la vie des vivants. La décomposition rapide du cadavre oblige à le faire disparaître sans tarder. L'ethnologue Guy Moréchand, qui a fait des observations et des enquêtes sur le terrain, l'a bien noté : « Toutes les informations concordent : le cadavre ne doit pas rester plus de quelques heures à la maison, autant que possible ne pas y séjourner plus d'un jour et une nuit[1]. » Le cadavre est traité avec la déférence due à un être cher, mais son contact est

---

1. Guy Moréchand, « Contribution à l'étude des rites funéraires indiens », *Bulletin de l'École française d'Extrême-Orient* 62 (1975) : 66.

l'une des plus grandes sources d'impureté. Il crée l'obligation, et même l'obsession, pour les proches, de se débarrasser rituellement des souillures contractées. Il faut disposer du corps pour libérer les proches de la pollution de la mort. Et tant que les rites funéraires n'ont pas été accomplis, l'âme du défunt ne connaît pas de repos, car elle n'a pas son billet de passage pour l'autre monde. Aussi longtemps que les rites de passage ne lui sont pas offerts, le défunt peut, tel un fantôme, hanter ses proches pour leur rappeler leurs devoirs et les contraindre à lui rendre les rites qui lui sont nécessaires[2].

Mais envisagées sous l'angle des services ou des bienfaits à apporter au défunt, les cérémonies funéraires ont pour but de le conduire jusque dans l'au-delà puis, par une série d'offrandes postfunéraires d'eau et de boulettes de nourriture, de le transformer en *pitri*, en ancêtre, ce qui le satisfait et l'empêche de rôder autour des vivants. La particularité du rituel funéraire indien, c'est qu'il comporte un double volet, un double ensemble de rites bien distincts : d'abord le rituel funéraire proprement dit, l'*antyeshti* ou crémation, puis le rituel postfunéraire ou le culte des ancêtres appelé *shrâddha*. Les deux séries de rites constituent un tout et ils sont absolument nécessaires, le second ensemble parachevant le premier. Seul le premier, le rituel des funérailles, nous préoccupera pour le moment, le rituel postfunéraire faisant l'objet du chapitre suivant.

La bonne mort et la malemort

Des enquêtes récentes ont démontré que les notions de « bonne mort » et de « malemort » sont toujours bien présentes[3]. La bonne mort, c'est celle qui arrive en son temps et sur laquelle on a un certain contrôle, c'est une mort qui couronne une vie pleine et complète. Idéalement, elle ne sur-

---

2. Pour un historique rapide des modes de disposition des cadavres en Inde, voir Raj Bali Pandey, *Hindu Samskâras. Socio-Religious Study of the Hindu Sacraments*, Delhi, Motilal Banarsidass, 1969 : 237-243.
3. Concernant les notions de bonne mort et de malemort, voir Jonathan Parry, *Death in Banaras*, Cambridge, Cambridge University Press, 1994 : 158-166 ; Christopher Justice, *Dying the Good Death. The Pilgrimage to Die in India's Holy City*, New York, State University of New York Press, 1997 : 11-12 ; 219-233.

vient pas avant le mariage du fils de son fils, car il faut que soient assurées la continuité de la lignée et la célébration des rites funéraires. Pour une femme, cela veut dire aussi mourir avant son époux. La bonne mort résulte d'une bonne vie. C'est en pleine possession de ses facultés et entouré de ses proches que le mourant abandonne toute pensée pour ce monde et se prive de nourriture afin de préparer son corps à libérer ses souffles vitaux. S'accrocher à la vie lorsque le moment est venu de la quitter pourrait mettre en danger les autres membres de la famille, particulièrement les plus jeunes. Il importe d'être attentif aux signes annonciateurs de l'approche de la mort. Mourir, c'est faire l'abandon de son corps; et bien mourir, c'est faire l'abandon de son corps en son temps. On dira le plus souvent qu'expirer, c'est abandonner ses souffles vitaux, souffles qui vont quitter le corps en s'échappant au-dessus de la tête. Les lieux de pèlerinage sont des endroits propices pour rendre le souffle. Mais l'endroit le plus propice, c'est à Vârânasi (Bénarès), sur la rive du Gange. Beaucoup de familles y amènent leurs mourants afin qu'ils puissent profiter des vertus bénéfiques de ce haut lieu de l'hindouisme et expirer, si possible, les pieds dans l'eau du Gange, le fleuve-déesse que les Indiens appellent Gangâ. Car dans la mythologie indienne, les eaux célestes de la Gangâ sont descendues du ciel pour purifier les humains et les sauver.

Christopher Justice a mené une enquête ethnographique dans les « maisons de libération » de Vârânasi et a été témoin des expériences que les mourants et leurs familles vont y vivre[4]. Il rapporte que lorsqu'ils sentent venir la fin, beaucoup d'hindous quittent leur village et entreprennent un ultime pèlerinage à Vârânasi à la recherche de *moksha*, la libération. Ce sont des pèlerinages à sens unique pour y faire l'abandon de leur corps dans les conditions les plus propices, pour y connaître la meilleure des morts. Ils sont nourris de l'espoir de mettre fin au cycle des morts et des renaissances, ils désirent être libérés des renaissances à répétition. Généralement après un séjour à l'hôpital, quand il ne reste plus de chances de les sauver, ces moribonds sont amenés par leurs proches dans des mouroirs ou refuges spécialisés

---

4. Ch. Justice, *Dying the Good Death*...

afin d'y attendre les derniers moments. Lorsque la phase terminale est venue, les mourants chercheurs de libération sont transportés sur les *ghât*, les marches de pierre qui conduisent au fleuve. C'est sur ces *ghât* qu'ils finiront leurs jours et c'est là qu'ils seront brûlés. Tous les hindous n'ont pas la chance de mourir sur les rives du Gange à Vârânasî. La réputation du lieu est si considérable que des cadavres y sont amenés de partout afin d'y être brûlés. Si la distance est trop grande, la famille pourra conserver les cendres qui seront dispersées dans le Gange à l'occasion d'un pèlerinage. On peut même expédier les cendres par la poste afin qu'elles soient immergées dans les eaux de la Gangâ.

Contrairement à la bonne mort, la malemort est une mort inopportune, une mort qui ne se produit pas en son temps. C'est une mort soudaine, sournoise, brutale ou accidentelle, une mort qui survient lorsqu'on n'y est pas préparé, qui surgit à l'improviste, portée par la violence, l'accident bête, le feu, l'eau, la morsure de serpent, etc. Il existe des listes variables de maladies ou d'infections qui causent une mauvaise mort. Ce n'est pas tant l'âge qui est en cause que la manière de mourir. Une personne âgée peut mourir prématurément d'une maladie infectieuse, d'un accident ou être victime de violence. La mauvaise mort contraint la « victime » à quitter la vie de façon prématurée, son temps de vie n'étant pas écoulé. La conséquence redoutée, c'est que l'esprit du défunt pourra tourmenter les vivants. Les proches ont tout avantage à se montrer vigilants pour célébrer les rites appropriés dans le respect scrupuleux des règles.

À l'approche de la mort, l'agonisant est déplacé de son lit à pieds, et qui se trouve donc au-dessus du sol, vers un matelas ou une litière posée sur le sol afin qu'il n'y ait pas d'espace entre le sol et la couche du mourant. C'est en contact avec le sol qu'il doit expirer. Mourir dans son lit est néfaste, et encore bien des hindous refusent que leurs proches meurent dans un lit d'hôpital[5]. Mourir sur la litière posée sur le sol atténue l'aspect néfaste sans toutefois le neutraliser. Le mort pourra quand même devenir un mauvais esprit, un *bhûta*. Comme l'écrit Catherine Weinberger-

---

5. Voir Margaret Sinclair Stevenson, *Les rites des deux-fois-nés*, traduit de l'anglais par Nicole Ménant (introduction de Lokenath Bhattacharya), Paris, Le Soleil noir, 1982 : 149 ; Parry, *Death in Banaras* : 172-173.

Thomas, « la catégorie des *bhūta* regroupe tous ceux qui ont péri de "malemort" : suicidés, accidentés, foudroyés, noyés, brûlés, précipités, écrasés, mordus par des serpents. Mais aussi tous ceux qui sont morts dans leur lit ou dans une pièce à l'étage, ou qui ont été pollués après la mort par le contact d'un *shūdra* ou d'une autre manière[6] ». Les informations récentes qu'elle a recueillies sur le terrain confirment l'explication la plus répandue concernant la nécessité de mourir sur le sol, sur la terre pure que l'on purifie encore avant d'y coucher le mourant. « Mourir dans son lit — le rêve de tout Occidental — est pour les hindous la pire des morts naturelles, car cette posture d'entre-deux, le mourant la reproduira dans sa prochaine vie : il ne renaîtra ni sur la terre ni au ciel, mais dans l'espace intermédiaire (*antariksha*), esprit voué à l'errance[7]. » Il faut donc prendre des précautions supplémentaires. Près de la litière, on badigeonne le sol de bouse de vache — la bouse est l'un des meilleurs agents purifiants —, on l'asperge d'eau pure du Gange et on le recouvre, comme pour l'autel sacrificiel, d'un peu d'herbe *kusha* ou *darbha*, sur laquelle on peut ajouter des grains d'orge, de sésame ou de moutarde. Aux derniers moments, le moribond est déposé à même ce sol purifié et préparé, la tête tournée vers le sud, direction où vont les morts. On dit qu'une bonne mort a lieu sur un sol purifié, en plein air.

Traditionnellement, lorsque le vieillard ou le moribond sentait venir la mort, il rassemblait parents et amis pour leur parler et il faisait des dons aux brahmanes et aux nécessiteux. En cette circonstance, il a toujours été de bon aloi de faire don d'une vache à un brahmane[8]. La coutume est encore répandue de faire toucher au mourant la queue d'une vache, la croyance voulant que le don d'une vache ou le fait de toucher la queue d'une vache aide à faire la traversée de la redoutable rivière Vaitaranī qu'il faut franchir pour accéder

---

6. C. Weinberger-Thomas, *Cendres d'immortalité...*, 1996 : 74.
7. *Ibid.*
8. Concernant le don de la vache, voir Ch. Justice, *Dying the Good Death...* : 116-117 ; 130-131 ; 140 ; 143-145 ; 213-215.

au royaume des morts[9]. On rase habituellement la tête du mourant, on met sur son front des cendres ou de la pâte de santal et, dans sa bouche, des feuilles de *tulasî* (basilic), quelques gouttes d'eau, de l'eau du Gange de préférence, et une pièce d'argent ou d'or[10]. On place devant ses yeux une image de sa divinité préférée. Il doit expirer en entendant le chant des noms de ce dieu car, dit-on à Vârânasi, les dernières pensées du mourant sont déterminantes pour son sort. En attendant la mort, on fait devant lui la récitation ou la lecture de textes. Selon les enquêtes menées par Jonathan Parry et par Christopher Justice à Vârânasî (Bénarès), le *Garuda-Purâna* est le texte le plus utilisé dans ces circonstances en raison de son très long exposé sur la mort, sur la condition du défunt et sur les rites funéraires[11]. Au moment de la mort, disent les textes, les messagers de Yama, le dieu des morts, se saisissent de l'âme du mort au moyen d'un lacet pour l'entraîner sur le chemin qui conduit au royaume des morts.

Le rituel de la crémation

Dès que la mort a fait son œuvre commencent les rites préliminaires à la crémation. Le rituel des funérailles comporte trois phases : les rites précrématoires, avec la préparation rituelle du cadavre, la procession vers le lieu de crémation, les préparatifs pour la crémation et l'empilement du bûcher ; suit le rite de la crémation proprement dite sur le bûcher funéraire ; et enfin les rites postcrématoires, avec la collecte des cendres, le rite d'apaisement, la dispersion des cendres et les rites relatifs à la période d'impureté et de deuil consé-

---

9. Concernant la traversée de la terrible rivière Vaitaranî, voir M. S. Stevenson, *Les rites des deux-fois-nés* : 148, 165, 190 ; G. Moréchand, « Contribution à l'étude des rites funéraires indiens » : 59-63 et 65-69 ; J. Parry, *Death in Banaras* : 173 ; Ch. Justice, *Dying the Good Death...* : 39, 50, 84, 145, 164-166.
10. Voir M. S. Stevenson, *Les rites des deux-fois-nés* : 149-150 ; G. Moréchand, « Contribution à l'étude des rites funéraires indiens » : 63-64 ; J. Parry, *Death in Banaras* : 172-173.
11. Voir J. Parry, *Death in Banaras* : notamment 155 et 182 ; Ch. Justice, *Dying the Good Death...* : notamment 142 ; 154-155 ; 163-168.

cutive au contact du mort[12]. Les rites précrématoires, qui ont pour but de perfectionner le cadavre en vue du sacrifice de la crémation, débutent avec la préparation rituelle du cadavre. Des parents du même sexe, parfois aidés par le barbier et son épouse, lavent le corps et l'enroulent dans un linceul. Le linceul est généralement blanc ; cependant, pour un vieillard mort d'une bonne mort, il peut être jaune, et pour une femme de haute caste morte avant son époux, il pourra être rouge ou jaune. Mais pour une veuve, il est blanc[13]. Tant que le corps n'a pas quitté la maison, on lui porte des égards comme à une divinité. Ainsi on fait la circumambulation autour du corps en tournant dans le sens bénéfique comme pour les divinités, c'est-à-dire en gardant le défunt à sa droite, contrairement à ce qui sera fait autour du bûcher funéraire et dans tous les rites funéraires. Puis on fixe le cadavre avec des lanières sur une civière de bambou. Pour commémorer le rite des sept pas rituels (*saptapadî*) autour du feu qu'elle avait fait, conduite par son époux, à la fin de la cérémonie du mariage, la veuve refait les sept pas près de la dépouille de son mari. Après les offrandes funéraires de boulettes de nourriture aux esprits sur le seuil de la maison, le corps est porté en procession vers le lieu de la crémation. Quelqu'un va devant pour asperger d'eau la route qu'emprunte le cortège.

Dans les maisons où l'on perpétue la tradition du feu pour les rites domestiques, le deuilleur principal, qui est le fils aîné ou le parent mâle le plus proche, allume un flambeau ou un brandon au feu domestique pour transporter ce feu qui servira à allumer le bûcher. C'est lui qui conduit le cortège qui amène le défunt vers le site de crémation ; il est suivi par le brancard, puis par les parents et les amis, les plus âgés d'abord. Les femmes sont tenues à l'écart de cette procession funéraire. Le parcours se fait généralement en trois étapes et à chacune des haltes, on fait des offrandes de boulettes de nourriture aux esprits afin de les empêcher de

---

12. Dans son *History of Dharmashāstra* (vol. 4 : 179-333), Kane a colligé les matériaux d'information concernant les rites après la mort (*antyeshtî*), l'impureté relative à la mort qui atteint les proches (*āshauca*) et la purification nécessaire (*shuddhî*). Pour un aperçu de l'ensemble des rites entourant la crémation, voir R. Gopal, *India of Vedic Kalpasūtras* : 353-369.
13. Voir J. Parry, *Death in Banaras* : 174.

s'approcher. Lorsque le cortège atteint le site de crémation, au bord d'une rivière ou d'un fleuve, on immerge le cadavre jusqu'aux genoux pour le purifier. Le barbier rase les cheveux du deuilleur principal, celui qui va allumer le feu, puis on procède au choix de l'emplacement pour le bûcher ainsi qu'à sa purification. Le bois à utiliser, les dimensions du bûcher, l'orientation, tout est réglé, rien n'est laissé à la fantaisie des deuilleurs ou des officiants. On balaie le sol, on le purifie avec de l'eau du Gange, et on procède à l'empilement du bûcher ; les plus riches ont droit au bois d'aloès, d'abricotier, de manguier, de santal, etc., tandis que les plus pauvres doivent se contenter de galettes de bouse séchée.

Lorsque la chose est possible, la crémation a lieu sur la rive du Gange, et de préférence à Vârânasî (Bénarès). Dans ce haut lieu de l'hindouisme, d'immenses escaliers de pierre appelés *ghât* permettent aux croyants de descendre chaque jour faire leurs ablutions rituelles dans les eaux purificatrices de la Gangâ. À l'écart de cette activité grouillante, s'étendent les nombreux *ghât* réservés aux crémations. Le plus propice est le *ghât* Manikarnikâ situé au centre de la ville et, pour ainsi dire, au cœur de l'univers hindou. Des spécialistes du rituel funéraire gagnent leur vie autour des *ghât*. À cause de la souillure ou de l'impureté qui adhère à la mort, les officiants chargés de la crémation ont le statut le plus bas à l'intérieur de la classe des brahmanes. Ils sont assistés par les Dom, des intouchables spécialisés dans cette tâche. Les Dom résident à proximité des *ghât* et sont, pour ainsi dire, les maîtres du terrain de crémation.

Portant le corps, les officiants et leurs assistants contournent le bûcher, généralement trois fois, en le gardant à leur gauche, et ils l'aspergent d'eau pure. Puis le corps est déposé sur le bûcher, les pieds dirigés vers le sud, on coupe les lanières ou le linceul, et on le recouvre d'un peu de bois. On verse de l'huile, du beurre fondu, de la résine, parfois des substances odorantes, et on le recouvre de brindilles. Quand ces préparatifs ou rites précrématoires sont terminés, alors peut commencer le rite de la crémation. Vêtu de blanc, couleur de deuil, le parent mâle le plus proche, après avoir contourné trois fois le bûcher par la gauche, allume une première brindille qui sert à mettre le feu au bûcher. Au bout d'une heure environ, le crâne éclate, ou bien le deuilleur principal brise, au moyen d'un bambou, l'os de la fontanelle, pour libérer les souffles. Le corps brûle en trois ou quatre heures sous la surveillance des brahmanes officiants. Puis les Dom versent de l'eau sur les cendres afin de les éteindre et ils nettoient l'emplacement. Si tous reconnaissent que la mort confère de l'impureté, les opinions divergent toutefois sur le moment où commence le danger de contamination. Pour certains, la pollution commence au moment de la mort ; pour d'autres, elle n'apparaît qu'au moment où le crâne est brisé pour libérer les souffles vitaux[14].

Les enquêtes menées par Jonathan Parry à Vârânasî entre 1976 et 1992 lui ont permis de constater qu'un crématorium électrique avait été ouvert en 1989 sur le *ghât* Harishcandra, l'un des plus importants emplacements de crémation au bord du Gange[15]. Il a pu constater que l'impact le plus considérable de cette innovation technologique s'est fait sentir sur la division traditionnelle du « travail funéraire » qui est, en soi, un système fonctionnant comme le système des castes, avec spécialisation et répartition bien réglée des tâches. L'utilisation du crématorium a entraîné des modifications dans le rituel. Et cela ne peut se faire sans heurt. Dans les plus grandes villes, quelques installations semblables ont aussi fait leur apparition.

Après la crémation ont lieu une série de rites postcrématoires. À l'époque ancienne, les ossements étaient recueillis et placés dans une urne ou dans un morceau de peau d'antilope noire[16], et l'urne était déposée au pied d'un arbre, au bord d'un cours d'eau ou bien enterrée. Avec l'accroissement des croyances aux pouvoirs surnaturels des rivières et des fleuves, et avec l'habitude de faire les crémations au bord des rivières, s'est développée la coutume de la collecte des cendres, suivie de leur dispersion dans un fleuve, de préférence le Gange, le fleuve réputé pour apporter le salut. Mais toute rivière peut faire fonction de substitut du Gange et comporter les mêmes vertus purifiantes et salvatrices. Après la crémation a lieu le rite d'apaisement (*shânti-karman*) ou d'expiation : ce rite de pacification pour le bien-être des

---

14. Voir J. Parry, *Death in Banaras* : 180-184.
15. *Ibid.* : 45-46 ; 67-68 ; 90-97.
16. La peau d'antilope noire est un élément de bon augure.

vivants chasse le mal afin de permettre aux deuilleurs de reprendre leurs occupations. Avant le retour à la maison, les parents et amis qui ont assisté à la crémation doivent se purifier par un bain rituel et revêtir des vêtements propres. Le cadavre est impur et cette impureté est contagieuse. Il faudra donc accomplir d'autres rites de purification pendant la période d'impureté et de deuil consécutives à la mort[17].

Le retour à la maison se fait à la tombée de la nuit, les plus jeunes en tête, à l'inverse de l'ordre du cortège qui les a amenés au site de crémation. Commence alors une période d'impureté pour toute la famille et les proches qui ont été contaminés par la pollution de la mort. Les périodes de deuil varient selon les castes, les régions, etc., mais elles sont généralement de dix jours pour un brahmane, de douze jours pour un *kshatriya*, de quinze jours pour un *vaishya* et d'un mois pour un *shûdra*. La mort d'un enfant cause moins d'impureté. Pendant la période d'impureté et de deuil, il faut observer certaines règles, dont le jeûne, et accomplir des rites pour se purifier. Il importe aussi de commencer à faire des offrandes d'eau et de boulettes de nourriture au défunt afin de lui permettre de se reconstruire un corps de la dimension d'un pouce. Ce sont ces rites postfunéraires dont il sera question au chapitre suivant.

La crémation comme sacrifice

Paradoxalement, le cadavre qui est polluant et dangereux peut constituer aussi une offrande convenable pour les dieux. La partie essentielle du premier ensemble rituel, c'est la crémation, ou l'élimination du cadavre par le feu, un feu sacrificiel ou oblatoire. Car la crémation est l'*antyeshti* (*antya-ishti*), la « dernière offrande » ; elle est un rite organisé comme un sacrifice où le défunt offre au feu son propre corps, la dernière offrande de sa vie de sacrifiant. Elle est l'héritière du sacrifice védique où le feu formait l'élément central, un feu qui recevait les offrandes, ou la matière oblatoire, et qui les cuisait, c'est-à-dire qu'il les apprêtait et les

---

17. Voir Ralph W. Nicholas, « *Shrâddha*, Impurity, and Relations Between the Living and the Dead », *Contributions to Indian Sociology* 15,1 (1981) : 367-379.

perfectionnait pour les rendre agréables aux divinités. Le feu, *agni*, servait d'intermédiaire, de messager entre les hommes et les dieux ; il recueillait dans sa flamme les offrandes des hommes, les apprêtait, les purifiait et, en tant que dieu Agni, il les acheminait vers les divinités. Il y avait des offrandes que l'on devait verser dans le feu sacrificiel, comme le lait ou le beurre fondu ; il y en avait d'autres que l'on jetait dans le feu, comme le riz, le sésame, la viande ou d'autres nourritures. Les victimes animales étaient toujours des animaux domestiques. Rappelons que l'expansion de la doctrine de l'*ahimsâ*, la non-violence, a forcé à trouver des justifications, et à dire, par exemple, que l'animal n'était pas mis à mort, mais qu'il était « apaisé », et qu'il consentait à être une victime sacrificielle. L'officiant chargé de la mise à mort s'appelait le *shamitri*, l'apaiseur. Le sacrifice de la crémation comporte cette singularité que le sacrifiant qui offre le sacrifice devient lui-même la victime offerte au feu et qui nourrit le feu. Il s'offre lui-même au feu comme une offrande à porter vers les dieux, comme sa « dernière offrande ». Autre caractéristique : dans tous les rites pour les morts, on observe une inversion dans les gestes par rapport aux rites pour les dieux. Par exemple, dans le cas de la circumambulation, s'il s'agit des dieux, on tourne en gardant à sa droite l'objet à vénérer, mais dans les cérémonies pour les morts, on les tient à sa gauche ; de même, le cordon sacrificiel est porté sur l'épaule gauche plutôt que sur la droite. Certains diront que c'est pour empêcher les esprits néfastes de s'approcher.

Le rite de la crémation a pour but d'assurer au défunt le passage du monde d'ici-bas au monde de l'au-delà, et cela ne peut se réaliser que par la transformation du cadavre en victime sacrificielle qui sera offerte aux dieux. Il n'y a pas de mise à mort réelle ni symbolique comme dans le sacrifice antique, mais plutôt l'offrande d'une victime déjà morte. Dans les familles où l'on a conservé la tradition du maintien du feu domestique, c'est le feu domestique du défunt qui sert à allumer le bûcher funéraire. Le feu crématoire n'est pas qu'un simple feu destructeur qui consume le cadavre ; il est un feu sacrificiel, il est le dieu Agni lui-même. Rituellement préparé, le cadavre est donné en oblation au dieu Agni, le feu. Les textes disent même qu'un cadavre bien préparé est l'offrande la plus agréable à Agni. Agni prend soin du cadavre-offrande, il ne le consume qu'en apparence. Il ne détruit pas le mort, il l'apprête. Le rite de la crémation n'a pas pour but de détruire le cadavre, mais de le préparer pour son voyage vers l'au-delà. Et c'est Agni qui va se charger de ce transport vers les dieux[18].

Il faut remonter jusqu'aux plus anciens hymnes védiques, ceux du *Rig-Veda*, pour en retracer les sources. Les très nombreux hymnes à Agni ne cessent de répéter qu'il est le « messager du sacrifice[19] », le « conducteur du sacrifice », le « convoyeur des offrandes », celui qui les achemine vers les dieux[20]. Charles Malamoud en a retracé l'explication dans l'hymne *Rig-Veda* 10, 16 qui s'adresse à Agni comme feu crématoire[21]. Cet hymne fournit une justification ou, à tout le moins, une exposition de ce qui s'y produit. Comme c'est lui, Agni, qui porte, telle une offrande, le défunt vers les dieux et vers les ancêtres, les *pitri*, on le prie de ne pas consumer le cadavre, mais de ne le détruire qu'en apparence. L'hymne invoque Agni en tant que feu crématoire, un feu qui a la particularité de se dédoubler. Il y a d'abord Agni *kravyâda*, « mangeur de chair crue », celui qui a le rôle de « cuire à point » le cadavre rituellement préparé, pour en faire une victime sacrificielle. Mais il ne le consume qu'en apparence car, comme une offrande, ce cadavre doit être convoyé vers les divinités. C'est le rôle de Jâtavedas, l'autre part d'Agni, qui s'empare du corps, l'élève dans la fumée du bûcher vers l'au-delà et le porte comme une oblation vers les dieux et vers les *pitri*. Le feu crématoire est à la fois cuiseur de chair

---

18. Voir Charles Malamoud, « Cuire le monde », dans *Cuire le monde...* : 35-70. Du même auteur, « Les morts sans visage. Remarques sur l'idéologie funéraire dans le brâhmanisme », dans Gherardo Gnoli et Jean-Pierre Vernant (dir.), *La mort, les morts dans les sociétés anciennes*, Cambridge, Cambridge University Press / Paris, Éd. de la Maison des sciences de l'homme, 1982 : 441-453.
19. Par exemple, *Rig-Veda* 10, 14, 13 (traduit par L. Renou dans *Hymnes spéculatifs du Véda*, 1956 : 61).
20. Par exemple, *Rig-Veda* 10, 8, 6 et 10, 16, 10.
21. On peut trouver une traduction de l'hymne *Rig-Veda* 10, 16 dans Louis Renou, *Études védiques et pânînéennes*, vol. XIV, fasc. 23, Publications de l'Institut de civilisation indienne, Paris, De Boccard, 1965 : 37-39. Ou une traduction anglaise dans Kane, *History of Dharmashâstra*, vol. 4 : 196-197.

crue et feu sacrificiel ; c'est Jâtavedas, la part sacrificielle du feu, qui fait contrepoids à l'ardeur dévorante du feu carnivore. Il faut donc comprendre la crémation comme un véritable sacrifice au sens védique ; le cadavre-offrande conserve son intégrité pour être porté par Agni Jâtavedas vers l'au-delà.

Les textes prévoient des cas d'exclusion au rituel de la crémation. Certains morts n'ont droit qu'à un enterrement fait à la hâte : ce sont les enfants et les anormaux de naissance (les listes d'anomalies varient), les morts à la suite de certaines maladies infectieuses ou de crimes, les morts par suicide ou négligence. Quant à ceux qui meurent en voyage ou dans un accident, les femmes enceintes ou mortes en couches et les fœtus, ils sont l'objet de purifications supplémentaires avant d'être incinérés[22]. Le rituel de la crémation comporte des dispositions spéciales pour l'*âhitâgni*, celui qui a installé ses trois feux, car le rituel est alors *shrauta* ou solennel. L'*âhitâgni* est brûlé avec ses feux et avec ses ustensiles sacrificiels. Mais la véritable exception concerne le renonçant, le *samnyâsin*, celui qui s'est mis à l'écart du monde, en marge de tout système, pour chercher la délivrance[23]. La présence du cadavre du renonçant ou sa mort ne causent pas de souillure ; par conséquent, ses proches ne sont pas astreints à vivre une période de deuil et de purification. Le renonçant n'a pas à subir le feu crématoire. Et ses descendants ne sont pas tenus à célébrer pour lui les rites postfunéraires des *shrâddha*. Malamoud décrit ainsi l'inhumation du *samnyâsin*, du renonçant.

> Et surtout, le *samnyâsin* n'est pas incinéré, mais enterré, et non pas furtivement, mais en grande pompe : on creuse une fosse, en général au bord d'une rivière ; on y introduit le cadavre auquel on a fait prendre la posture assise de méditation dite *samâdhi*. On comble la fosse avec du sel en sorte que le cadavre soit calé, fixé dans sa posture par la masse de sel qui l'entoure et qui lui vient jusqu'au menton ; seule la tête dépasse ; on brise

---

22. Voir G. Moréchand, « Contribution à l'étude des rites funéraires indiens » : 57-59 ; Margaret S. Stevenson, *Les rites des deux-fois-nés* : 155-157 ; J. Parry, *Death in Banaras* : 184-186.
23. Voir chapitre II : « Structure sociale articulée autour du sacrifice ».

le crâne en le frappant avec une noix de coco, ou un gros coquillage : l'âme gagne plus sûrement le monde de Brahman, dit la croyance populaire, si elle s'échappe par une ouverture pratiquée à l'extrémité supérieure du corps. Au-dessus de cette fosse, autour de cette tête, est érigé un tumulus, appelé lui aussi *samâdhi*. Ce tombeau est un véritable lieu de culte, sanctuaire, but de pèlerinage, puisque les hommes qui se sentent liés spirituellement à ce mort (la parenté n'entre pas en ligne de compte) viennent régulièrement commémorer, par des offrandes, des prières, des ablutions, celui dont les restes sont déposés dans ce site[24].

Le *samnyâsin* a renoncé à tout pour vivre en marge de la société, dans la solitude, et souvent dans l'errance. Il s'est ainsi placé en dehors de tout, en marge du *dharma* et de l'*adharma*, il a renoncé même aux rites. Il est sorti de tout système, quel qu'il soit. Au moment où il a quitté sa famille et son foyer, il s'est dépouillé de tout, même de ses ustensiles sacrificiels. Il est sorti du monde des actes, des *karman*. Son entrée dans l'état de renonçant (le *samnyâsa-âshrama*) ressemble à une crémation par anticipation. L'acte décisif a été celui où il a éteint son feu ou ses feux sacrificiels. Quoiqu'il les ait éteints physiquement, il ne les a pas abolis ; il les a intériorisés, absorbés en lui, il les a inhalés, accomplissant ainsi une autocrémation. La flamme qu'il porte désormais en lui est celle de l'ascèse, du *tapas* (de *tap-*, « brûler, chauffer »). La brûlure de son ascèse, de ses mortifications, a consumé les souillures attachées aux actes qu'il avait accumulés. Consumé par anticipation par la brûlure de son ardeur ascétique, il est déjà purifié, apprêté, perfectionné, il est déjà cuit. Il n'a pas à se soumettre au feu crématoire[25].

Comme il y a toujours, en Inde, des cas particuliers, il peut être intéressant d'évoquer ici la célébration de la mort chez les Lingâyat-Virashaiva du Karnâtaka, en Inde du Sud.

---

24. Ch. Malamoud, « Les morts sans visage... » : 447-448.
25. Voir Ch. Malamoud, « Les morts sans visage... » : 448 ; M. Hulin, *La face cachée du temps* : 381-382.

Les recherches sur le terrain réalisées par Jackie Assayag[26] ont montré que les Lingâyat appliquent à l'ensemble des dévots du dieu Shiva initiés le modèle d'inhumation réservé aux renonçants. Le cadavre maintenu en position de *yogin* est transporté dans une chaise-litière jusqu'à l'aire funéraire. Il est inhumé en position de méditation dite *samâdhi* et la fosse appelée aussi *samâdhi* est recouverte. Comme pour le renonçant, le cadavre du Lingâyat n'est pas source de pollution et les proches ne sont pas astreints à une période de deuil. Il existe des cérémonies postfunéraires, mais elles sont très réduites. La mort est vue comme une union ou une absorption dans le divin ; le défunt atteint la libération en s'assimilant au dieu Shiva. Le Lingâyat vit hors du pur et de l'impur comme un délivré vivant. À l'instar d'autres chercheurs, Assayag souligne « le caractère fondamentalement ambigu du cadavre en Inde ».

La crémation comme rite de perfectionnement

La crémation présente un double visage : elle est perçue à la fois comme un sacrifice, dont les racines remontent au sacrifice védique, et également comme un *samskâra*, un « perfectionnement ». Dans les textes de rituel domestique, les *grihyasûtra*, les cérémonies funéraires, c'est-à-dire l'*antyeshti*, sont en effet envisagées comme le dernier des *samskâra*, ces rites perfectifs qui jalonnent toute la vie de l'individu, de sa conception jusqu'à sa mort. Le mot *samskâra* nous fournit l'occasion de revenir à la rapide explication étymologique qui avait amorcé l'exposé sur la notion d'acte rituel et de la pousser maintenant un peu plus loin. Nous avons dit que pour désigner toute action quelle qu'elle soit ainsi que pour désigner l'acte rituel, la langue sanskrite utilisait le même mot, le mot *karman*, substantif dérivé de la racine verbale *kri*, « faire, agir, accomplir ». Nous avons dit aussi que, dans le système de valeurs du sacrifice védique, l'action bonne, c'était l'action bien faite, c'est-à-dire celle qui était faite en parfaite conformité avec les prescriptions. L'action (*karman*) bien faite était dite *sukrita* (*su-krita*), adjectif formé sur le

---

26. Jackie Assayag, « Le cadavre divin. Célébration de la mort chez les Lingâyat-Virashaiva (Inde du Sud) », *L'Homme* 27,3 (1987) : 93-112.

même verbe *kri* suivi du suffixe *-ta*, qui est la marque du participe passé passif, et précédé du préfixe *su-*, « bien, bon »[27]. Le terme *samskâra*, qui désigne les rites perfectifs, nous permet d'agrandir encore le champ sémantique du verbe *kri*, en ce qui concerne notre propos.

Le substantif *samskâra* est formé sur la même racine verbale *kri*, précédée du préfixe *sam-*, qui a le sens de « avec, ensemble », mais aussi de « complètement ». Le verbe *samskri* (*sam-s-kri*) a le sens de « faire ensemble », réunir ce qui était dispersé, construire, reconstituer, mais aussi « faire complètement », apprêter, purifier, parfaire, perfectionner. Il implique une activité d'organisation et d'intégration contraire à la dispersion, à la désorganisation, à la rupture[28]. Cette caractéristique de l'activité exprimée par le verbe *samskri* nous ramène encore au sacrifice, qui devait être célébré de façon continue, sans interruption, et plus spécialement à l'*agnicayana*, le sacrifice de l'empilement de l'autel du feu dont le *Shatapatha-Brâhmana* dit qu'il inclut et résume tous les autres rites[29]. Les briques qui servaient à l'empilement de l'autel étaient des briques cuites, apprêtées ou perfectionnées par le feu de la cuisson. L'édification matérielle de l'autel du feu était la forme équivalente à la reconstruction ou à la réunification du corps du créateur Prajâpati dont les membres s'étaient détachés et disséminés dans l'œuvre de la création. La création était vue comme une émission dispersée. L'idée est exprimée par le verbe *srij*, « émettre », auquel est souvent accolé le préfixe *vi-* qui implique une idée de dispersion. Le verbe *vi-srij* revêt le sens de projeter, émettre en dispersant, une action qui indique l'éparpillement dans toutes les directions. C'est une action contraire de rassemblement et de perfectionnement qu'exprime le verbe *samskri* qui nous préoccupe ici.

---

27. Voir chapitre I : « L'efficacité de la parole bien dite et de l'action bien faite ».
28. Se fondant sur les travaux de M. Biardeau et de Ch. Malamoud, mais surtout sur ceux de L. Silburn (*Instant et cause...* : 49-71), L. Kapani fait une étude de la « dimension mythico-rituelle et symbolique » du verbe *samskri*, dans son ouvrage récent : *La notion de samskâra...* : 53-80.
29. *Shatapatha-Brâhmana* 10, 1, 5, 1 et 9, 5, 1, 42, comme il a été mentionné au chapitre I : « Le sacrifice initial et sa commémoration ».

Avant d'aborder le terme *samskâra* comme tel, il est difficile de passer sous silence le mot *samskrita* qui est la forme du participe passé du verbe *samskri*. Étymologiquement, le participe *samskrita* signifie : fait à la perfection, complètement achevé ; il revêt, selon les contextes, les connotations de : parfaitement préparé, purifié, perfectionné et, finalement, apte au sacrifice. Ce sont les mêmes qualificatifs qui viennent d'être utilisés à propos de l'état du renonçant à sa mort. Le sanskritiste Pierre-Sylvain Filliozat fait remarquer que le sens premier de *samskrita* est «apprêté», préparé en vue d'une action[30]. C'est ce même participe que l'on traduit aussi par «sanskrit» pour désigner la langue classique de l'Inde, la langue «parfaite, perfectionnée» qui est le véhicule du savoir. «La langue est dite *samskrita*, écrit Filliozat, quand elle est apprêtée par la grammaire, c'est-à-dire quand elle est accompagnée de la conscience de ses structures de formation et de compréhension codifiées par Pânini, etc.[31]» Ce Pânini est un grammairien de grande réputation qui a vécu autour du Ve ou du IVe siècle avant notre ère. Il est l'auteur de la plus remarquable grammaire et, selon Filliozat, le système linguistique qu'il a élaboré a une ressemblance frappante avec un programme informatique moderne[32]. Mentionnons que la grammaire, l'étymologie, la phonétique, la poétique, le rituel (*kalpa*) ainsi que la science des astres forment les six «membres» ou sciences auxiliaires du Veda, les *vedânga*. Mentionnons de plus, que loin d'être une langue morte, la langue sanskrite est encore parlée, comme langue seconde, par ceux qui l'ont étudiée dans la famille ou à l'école. La télévision indienne présente même certains bulletins de nouvelles en sanskrit.

Formé sur la forme causative du verbe *samskri* (*samskârayati*), «ce qui rend parfait», le nom *samskâra* réfère à «l'apprêt», aux préparatifs en vue d'une action. Le *samskâra*, c'est tout ornement sans quoi une œuvre resterait inachevée, un ornement qui l'embellit et la perfectionne ; c'est l'assaisonnement approprié ou la préparation qui rehausse le goût d'un plat cuisiné ; c'est l'acte qui purifie celui qui en est l'auteur et qui lui confère une qualité, une aptitude nouvelle

---

30. P.-S. Filliozat, *Le sanskrit* : 35.
31. *Ibid.* : 36.
32. *Ibid.* : 20.

pour accomplir une fonction. « Le *samskâra*, écrit Filliozat, est tout apprêt de quelque chose en vue d'une activité, tout ce qu'il faut faire pour conférer à une chose l'aptitude à une fonction[33]. » Le mot comporte l'idée d'intégration à partir d'un état inférieur de dispersion. Il s'agit d'une activité rituelle de structuration ou d'unification de la personne, d'un perfectionnement qui confère à la personne une aptitude ou la rend apte à une activité rituelle. Pour rendre le mot *samskâra*, il faut préférer « perfectionnement » plutôt que « sacrement », comme on avait pris l'habitude de le faire[34]. En tant que sacrifice, la crémation, par l'intermédiaire du feu Agni, apprête, cuit et transforme le cadavre-offrande pour le porter en oblation vers les dieux et les *pitri*. En tant que *samskâra*, la crémation purifie et perfectionne le défunt, le rend apte à franchir le passage de ce monde-ci vers le monde de l'au-delà.

On célèbre les différents *samskâra* pour marquer les grandes étapes de l'existence, pour éliminer les impuretés ou les souillures et pour aider l'individu à surmonter les dangers inhérents au passage d'une étape à une autre de son existence. Ces *samskâra*, dont le nombre varie de dix à quarante selon les textes sources, ont été décrits, textes à l'appui, par Pandey et par Kane[35]. Les principaux *samskâra* sont les suivants : les *samskâra* prénataux : l'installation de l'embryon ou rite pour la conception (*garbhâdhâna*), le rite pour l'obtention d'un enfant mâle (*pumsavana*) ; les *samskâra* de l'enfance : le rite pratiqué après la naissance (*jâtakarman*), le don du nom (*nâmakarana*), la première sortie à l'extérieur de la maison (*nishkramana*), la première consommation de riz ou de nourriture solide (*annaprâshana*), la première coupe de cheveux (*cûdâkarana*) ; les *samskâra* qui marquent l'entrée dans la vie d'adulte : l'initiation (*upanayana*) et le mariage (*vivâha*) ; les *samskâra* de la mort : les rites funéraires et postfunéraires. Mais trois *samskâra* restent fondamentaux : ce sont l'initiation, le mariage et la crémation. L'ouvrage de Lakshmi Kapani va beaucoup plus loin et pousse l'étude des

---

33. *Ibid.* : 67.
34. Voir L. Kapani, *La notion de samskâra...* : 81, note 1.
35. R. B. Pandey, *Hindu Samskâras...* ; P. V. Kane, *History of Dharmashâstra*, vol. 2, 1974 : 188-267.

significations des *samskâra* pour le développement de la personne[36]. Pour les fins de son analyse, elle a dégagé sept fonctions majeures des *samskâra* qui lui servent à éclairer la portée et le but de chacun des *samskâra* dans la perspective indienne. L'essentiel de ses propositions peut être condensé ainsi : les *samskâra* ont pour fonction de purifier et de perfectionner, de fortifier les passages d'une étape de vie à une autre, de conférer la qualification rituelle ou l'habilitation à accomplir certains rites, et de consolider les liens dans la continuité des générations.

Tout autant que pour la doctrine des *âshrama* ou des quatre étapes de l'existence, dans la succession des *samskâra* ou rites de perfectionnement, la vie humaine est considérée comme une succession d'étapes, chacune comportant ses devoirs et ses rites. Les périodes de transition ou de changement de statut que sont la sortie de l'enfance, le mariage et la mort sont des périodes critiques comportant des dangers contre lesquels il importe de se prémunir par les rites des *samskâra*. L'initiation, ou *upanayana*, marque, pour le garçon, la sortie du monde de l'enfance et de l'univers féminin ainsi que son entrée dans la vie d'adulte. C'est un *samskâra* réservé aux garçons ; pour les filles, le *samskâra* du mariage tient lieu d'initiation. L'initiation est le rite essentiel pour entrer dans la société hindoue, elle est la marque d'un changement de statut social. Elle confirme l'intégration dans une nouvelle réalité sociale, ou plutôt dans la réalité sociale, car le monde de l'enfance que quitte le nouvel initié n'était qu'insouciance et irresponsabilité, tandis que le monde dans lequel il pénètre et où il vivra désormais est celui de l'apprentissage et des responsabilités. Il fait son entrée dans la structure des catégories sociales ou castes et dans celle des *âshrama*[37].

Il y a lieu de souligner l'analogie avec ce qui a été dit auparavant au sujet de la *dîkshâ* ou consécration du sacrifiant qui

---

36. L. Kapani, *La notion de samskâra dans l'Inde brahmanique et bouddhique*, 1992.
37. Sur le *samskâra* de l'initiation, outre l'ouvrage de L. Kapani, voir Carl Olson, « The Existential, Social, and Cosmic Significance of the *Upanayana* Rite », *Numen* 24,2 (1977) : 152-160 ; Brian K. Smith, « Ritual, Knowledge, and Being. Initiation and Veda Study in Ancient India », *Numen* 33,1 (1986) : 65-89.

entreprenait un sacrifice solennel. Préparé rituellement, le sacrifiant s'installait dans le silence et l'obscurité d'une hutte pendant plusieurs jours (souvent douze jours), considérés comme une période de gestation ou de régénération où il redevenait fœtus dans la matrice que représentait la hutte, pour ensuite renaître dans un état transformé nécessaire à l'entreprise du rituel. Le garçon qui se présente pour recevoir le *samskâra* de l'initiation est considéré comme un embryon qui quitte le monde protégé de l'enfance où il évoluait parmi les femmes. Il faut couper, pour une seconde fois, le cordon ombilical. Tant qu'il n'a pas reçu l'initiation, tout enfant, fût-il fils de brahmane, est comme un *shûdra*, mais un *shûdra* qui a la possibilité de renaître rituellement. Il lui faut vivre une seconde naissance, rituelle et symbolique, pour être pleinement intégré à sa catégorie sociale héréditaire. L'initiation fait de lui un *dvija*, un « deux-fois-né ». Ce mot *dvija*, « né deux fois », est l'un des termes courants pour désigner l'oiseau qui naît d'abord comme œuf et ensuite de l'œuf. Dans la tradition, l'état de *dvija*, de « deux-fois-né » était réservé aux jeunes garçons des trois classes supérieures : brahmanes, *kshatriya* et *vaishya*. Les fils de *shûdra* n'y avaient pas droit, et c'est justement parce qu'ils n'avaient pas reçu l'initiation que les *shûdra* n'avaient pas droit au sacrifice, comme il a déjà été dit[38]. Pour sa part, la fille d'un brahmane est comme une *shûdra* jusqu'au jour de son mariage. Ce n'est que le jour de son mariage qu'elle devient vraiment brahmane.

Autrefois le garçon quittait sa famille pour aller vivre auprès de son maître qui le prenait en charge. Le garçon était initié à l'âge de huit ans s'il était fils de brahmane, à dix ans s'il était fils de *kshatriya* et à douze ans s'il était fils de *vaishya*. Cette seconde naissance faisait de l'initié un disciple de son *guru*, de son maître spirituel, un disciple considéré comme un embryon que le *guru* accueillait en lui et qu'il allait enfanter ou faire naître à la connaissance du Veda. Quand il lui conférait l'initiation, le maître engendrait son disciple, lui procurait la meilleure des naissances. Le *Shatapatha-Brâhmana* dit : « Le maître devient enceint lorsqu'il pose la main droite sur son disciple et ce dernier naît trois jours plus tard, en tant que

---

38. Voir chapitre II : « Structure sociale articulée autour du sacrifice ».

brahmane, avec la prière Solaire[39]. » Les *Lois de Manu* enseignent même que le maître qui fait naître au Veda éternel est plus important que le père et la mère qui n'ont fait naître qu'à une vie transitoire[40]. En devenant disciple du maître, le garçon *dvija* ou deux-fois-né entrait dans l'état de vie de l'étudiant brahmanique, le *brahmacarya-âshrama*. Il devenait un *brahmacârin* qui allait entreprendre l'apprentissage, par cœur, d'une portion du texte védique. Le maître auprès duquel il étudiait était un brahmane qui connaissait la parole sacrée et qui savait la transmettre. La durée des études védiques était aussi fonction de la catégorie sociale ; pour un brahmane, elles étaient plus longues, elles duraient en principe douze années.

L'*upanayana* ou le *samskâra* de l'initiation était le *samskâra* indispensable à toute activité rituelle. Il rendait apte à l'activité rituelle, mais il fallait mûrir cette aptitude par l'apprentissage et la maîtrise du Veda. Pendant ses années d'études brahmaniques, le jeune deux-fois-né n'exerçait pas d'activité rituelle propre. C'est seulement au terme de ses études, au moment où il prenait une épouse et devenait maître de maison, que le jeune homme était habilité à célébrer les rites, qu'il était qualifié pour le faire. Cela coïncidait avec l'entrée dans le second stade de vie, celui de maître de maison (*grihastha*) à qui incombait des responsabilités tant rituelles que familiales. À partir de ce moment, il devait entretenir son propre feu sacrificiel, qui avait servi à la cérémonie du mariage, et il était tenu de célébrer les rites funéraires[41]. Il avait aussi l'obligation d'engendrer des fils pour assurer la continuité non seulement de sa lignée, mais également la continuité de la transmission du savoir védique et du savoir-faire rituel.

Le *samskâra* de l'initiation ou l'*upanayana* a été sensiblement simplifié au cours des âges et aujourd'hui les rites

---

39. *Shatapatha-Brâhmana* 11, 5, 4, 12 (trad. de J. Varenne, dans *Mythes et légendes extraits des Brâhmanas* : 74).
40. *Lois de Manu* 2, 144-149.
41. Pour une description détaillée des *samskâra* ainsi que des rites funéraires dans l'Inde contemporaine, voir le livre souvent cité d'une femme qui a vécu vingt années en Inde comme missionnaire, Margaret Sinclair Stevenson, *Les rites des deux-fois-nés* (= *The Rites of the Twice-Born*, 1920). Ce livre est devenu un classique.

varient beaucoup selon les traditions qu'on a su préserver et selon les régions. Le garçon qui va être initié doit d'abord se purifier par un bain rituel. Ses cheveux sont coupés et on lui fait revêtir un vêtement neuf. La mère prend une part active au rituel. Le maître, qui peut être son propre père, fait des oblations de beurre fondu dans le feu en récitant des *mantra*, il en verse dans les mains du garçon, il le fait tourner autour du feu et il lui enseigne à célébrer un premier sacrifice en lui faisant déposer une petite bûche dans le feu. Le disciple pose sa tête sur les pieds de son maître en signe de soumission et le maître lui transmet à l'oreille, vers par vers, un verset du Veda, la *gâyatrî*, qu'il devra désormais réciter chaque matin et chaque soir. Puis le garçon reçoit les signes sensibles de sa nouvelle condition de deux-fois-né : une ceinture, le cordon sacré, qu'il devra porter sur l'épaule gauche et sous le bras droit, et un bâton. Le cordon sacré, qui est la marque distinctive du deux-fois-né, est nécessaire pour l'activité rituelle. Ceinture, cordon et bâton sont faits de matières différentes, fibres ou bois, selon qu'il est un brahmane, un *kshatriya* ou un *vaishya*. L'investiture du cordon sacré fait de trois fils entrelacés, et que le garçon apprend à tresser, est l'élément important du rituel. Quand le disciple a reçu ces signes visibles, le maître lui enseigne une série de règles qui seront, dès lors, le lot de sa vie quotidienne : règles de bonne conduite, lois relatives à la purification quotidienne, l'entretien du feu, les rites et prières du matin et du soir et la récitation quotidienne du texte védique. Le jour de l'initiation, le garçon entre dans le monde des rites, des charges et des devoirs, dans le monde de la discipline et du *dharma*. Il a fait ses adieux à l'enfance insouciante et protégée, et il a quitté le monde des femmes.

Le *samskâra* de l'initiation est la porte d'entrée dans la structure sociale, tandis que le *samskâra* du mariage marque le début des responsabilités rituelles, tout autant que familiales et sociales. Mais le *samskâra* fondamental, c'est celui du rituel funéraire. Dans l'éventail polysémique du terme *samskâra* figure le sens particulier de « cérémonies funéraires », tant en sanskrit que dans les langues vernaculaires de l'Inde. Il est même habituel de penser spontanément aux rites funéraires lorsque le terme *samskâra* n'est pas davantage précisé. Un des grands écrivains du Karnâtaka (province du sud-ouest de l'Inde), Anantha Murthy (prononcez Mourthi), a publié en 1965, en langue *kannada*, un court roman traduit en français sous le titre *Samskara. Rites pour un mort*[42]. Murthy situe l'action dans son propre groupe social de brahmanes qu'il dépeint comme cupides et ankylosés dans des pratiques rituelles étroites, des brahmanes plus attachés à la lettre qu'à l'esprit du « perfectionnement ». En bonne tradition indienne, son propos module constamment sur un double registre, sur deux facettes du terme *samskāra* : rites funéraires et perfectionnement.

Le récit s'ouvre sur l'annonce de la mort d'un homme au moment même où l'on s'apprête à prendre le repas. La préoccupation la plus urgente est de prévenir les habitants avant qu'ils ne portent de nourriture à leur bouche, car il importe de ne pas manger tant que les rites funéraires ne sont pas accomplis. Murthy campe ainsi la situation.

> La nouvelle du décès se répandit comme une traînée de poudre dans les dix autres maisons de l'*agrahara* (village où n'habitent que des brahmanes). Les portes et les fenêtres se fermèrent, les enfants furent retenus à l'intérieur. Grâce à Dieu, aucun brahmane n'avait encore mangé. Pas une âme ne ressentait la moindre peine de la mort de Naranappa, pas même les femmes et les enfants. Mais dans tous les cœurs rôdait une crainte obscure, une angoisse équivoque. Vivant, Naranappa avait été un ennemi ; mort, il les empêchait de manger ; cadavre, il devenait un problème, un obstacle[43].

Car ce cadavre encombrant est celui d'un brahmane qui a transgressé les règles de sa caste, un brahmane qui a fait fi des règles de pureté rituelle. Cet homme est-il toujours un brahmane ? Maintenant qu'il est mort, faut-il le considérer comme le brahmane qu'il était par naissance ou comme l'être déchu qu'il est devenu à cause de ses transgressions ? De plus, cet homme est mort sans enfants, sans fils pour lui assurer les rites funéraires. Il faut que quelqu'un procède aux rites funéraires pour se défaire du cadavre avant la nuit.

---

42. U. R. Anantha Murthy, *Samskara. Rites pour un mort*, traduit par Anne-Cécile Padoux, avec une préface d'André Padoux, Paris, L'Harmattan, 1985.
43. A. Murthy, *Samskara. Rites pour un mort* : 18.

Mais qui s'en chargera ? Et quelle cérémonie lui donner ? Si scrupuleusement soucieux des classifications et des cas particuliers, les auteurs de *dharma-shâstra* de jadis avaient sûrement formulé des moyens de dénouer ce genre de situations anormales. Mais le brahmane-romancier au regard critique a décidément opté pour une voie autre, plus près de la vie véritable. Pendant que la petite communauté de brahmanes s'enlise dans des discussions stériles, le brahmane respectable sur qui on comptait pour trancher la question est secoué par une crise existentielle. Il reprend pour lui-même l'errance du défunt. Et pendant que le cadavre commence à se décomposer, ce brahmane de grande réputation vit une transformation, un perfectionnement, un *samskâra*, il découvre à son tour une façon différente de vivre et devient un homme nouveau.

Ce roman de Murthy fournit l'occasion de confirmer certaines coutumes ou croyances rattachées aux rites funéraires. « De toute ma vie dans cet *agrahara*, je n'ai jamais vu qu'on garde toute une nuit un corps sans l'incinérer », dit l'aînée du village. La concubine du défunt est prise de peur : « Mais à présent dans son cœur il n'y avait que de la frayeur, frayeur et anxiété. Si les rites n'étaient pas accomplis normalement, Naranappa risquait de devenir un fantôme qui viendrait la tourmenter. » D'autres réflexions semblables apparaissent : « Si on ne lui accordait pas de rites funéraires, il deviendrait sûrement un mauvais esprit. » Et encore : « Le cadavre, devenu fantôme, était certainement en train de se promener. Si l'on ne procédait pas aux rites funéraires, il se transformerait sûrement en démon-brahmane et terroriserait tout le village[44]. » Ces revenants que l'on craint tant, ce sont les *bhûta*, les « êtres », les esprits maléfiques de ceux qui ont été victimes de mort violente, de malemort, ou de ceux qui n'ont pas été satisfaits ou apaisés par les rites funéraires et qui en sont réduits à tourmenter les vivants.

Le dernier *samskâra*, celui des rites funéraires, celui qu'on appelle en sanskrit l'*antyeshti*, « l'ultime offrande », opère l'ultime perfectionnement ou transformation du défunt qui en est l'objet. Le feu le régénère, lui recrée une vie nouvelle,

---

44. *Ibid.* : 60, 60-61, 62, 70.

certains textes parlent même d'une troisième naissance[45]. Pendant sa vie terrestre, il a célébré des rites. Maintenant qu'il quitte ce monde, ce sont ses descendants qui lui assureront les rites pour le voyage qu'il entreprend et pour sa nouvelle vie dans l'autre monde. Ce dernier rite de passage lui permet de franchir le pont entre le monde visible d'ici-bas et le monde invisible de l'au-delà. La crémation est toutefois insuffisante pour assurer l'intégration du défunt dans le monde de l'au-delà. Il demeure dans la condition précaire de *preta*, de « trépassé », dangereuse et inquiétante pour lui et pour ses descendants, tant qu'il n'aura pas accédé à une autre condition, celle de *pitri*, de « père » ou d'« ancêtre » par les rites postfunéraires des *shrâddha*. La crémation ne constitue que le premier volet du rituel funéraire indien ; elle doit être complétée et parachevée par les rites des *shrâddha*.

Le sacrifice de la *satî* ou le cas particulier de la crémation de certaines veuves

La crémation en Inde comporte aussi cette facette singulière et horrifiante de l'auto-immolation des veuves qui accompagnent leur époux jusque dans la mort et sont brûlées vives sur le même bûcher. Le 4 septembre 1987, à Deorala dans l'état du Rajasthan, une jeune veuve de dix-huit ans, Roop Kanwar, s'immolait sur le bûcher de son mari devant une foule de trois à cinq mille personnes. Elle était mariée depuis huit mois à un Rajput de vingt-quatre ans. Cette mort publique spectaculaire d'une veuve a provoqué plus de remous que les autres et a suscité un débat passionné à la fois juridique, religieux et féministe, un débat suivi par la presse internationale. Les enquêtes policières ont été dépassées par la marée des protestations actives de groupes surgis à la hâte, par les enquêtes des journalistes et les articles analytiques d'universitaires. Les réactions vives des groupes féministes se sont heurtées à l'idéologie du sacrifice héroïque de sa vie.

---

45. Voir *Shatapatha-Brâhmana* 11, 2, 1, 1.

Les discussions se sont centrées sur le motif du geste de Roop Kanwar : s'agissait-il d'un acte volontaire, ou bien d'un meurtre déguisé[46] ?

Certes, le sacrifice de la *satî* n'ajoute rien à la compréhension du rituel funéraire. Il n'en est guère non plus une modalité dont il faudrait tenir compte. Il en est plutôt une excroissance aberrante et troublante, marginale, mais spectaculaire. Il y a, dans le geste public de l'auto-immolation de la *satî*, un débordement de l'idéologie sacrificielle, il y a une action qu'il faut sans doute considérer aussi dans le contexte de la mort provoquée laquelle peut revêtir, en Inde, des visages déconcertants. La tradition indienne, qui a toujours réprouvé le suicide, n'en a pas moins paradoxalement légitimé « l'abandon de la vie », par inanition souvent, du sage ou de l'ascète agissant sans passion. On connaît aussi la pratique du jeûne à mort comme moyen silencieux de protestation ou de revendication et dont l'exemple du Mahâtmâ Gandhi a démontré l'efficacité pour troubler la bonne conscience. Quoiqu'il s'apparente à un suicide rituel, le geste public de la *satî* semble lié avant tout, à tout le moins à l'époque moderne, à l'interdiction du remariage pour la veuve et à sa mise au ban de la société. Car en principe, la veuve doit porter, sa vie durant, le sari blanc, couleur de deuil, et vivre dans l'abnégation et la réclusion.

La jeune veuve Roop Kanwar s'est-elle suicidée à cause de l'insoutenable condition souvent réservée aux veuves ? A-t-elle été poussée à ce sacrifice glorieux par une belle-famille la jugeant embarrassante ou se montrant insatisfaite de la dot apportée en mariage ? Ou a-t-elle voulu prouver son amour inconditionnel à son époux ? Depuis la fin du XVIIIe siècle, le problème culturel de la crémation de certaines veuves en Inde a suscité l'indignation des étrangers. Beaucoup d'études ont été consacrées à ce problème. La contribution la plus récente et la plus documentée est celle de Catherine

---

46. Pour un compte rendu critique de tous ces débats, voir : Veena Talwar Oldenburg, « The Roop Kanwar Case : Feminist Responses », dans John Stratton Hawley (ed.), *Sati, the Blessing and the Curse. The Burning of Wives in India*, New York / Oxford, Oxford University Press, 1994 : 101-130 ; aussi Ashis Nandy, « Sati as Profit Versus Sati as a Spectacle : The Public Debate on Roop Kanwar's Death », dans le même ouvrage : 131-149.

Weinberger-Thomas qui a mené des enquêtes sur le terrain de 1978 à 1993 et qui a fait des recherches tant dans les archives que dans les récits des voyageurs[47]. Le titre évocateur de son étude, *Cendres d'immortalité*, rappelle le fait que la veuve revêt le sari rouge et ses parures de mariage, mais défait sa chevelure, pour célébrer un « mariage de cendres » dans une mort volontaire qui la sort de sa condition peu enviable et obscure de veuve et lui fait gagner la considération et l'immortalité. Les informations qui suivent sont puisées, en bonne partie, dans cette étude magistrale.

Selon les statistiques officielles, il y aurait eu entre 1943 et 1987 vingt-huit cas de veuves ainsi immolées au Rajasthan[48]. Mais le nombre réel serait plus élevé, sans compter les cérémonies interrompues ou empêchées par la famille ou la police. L'origine de cette coutume reste obscure et les historiens se perdent dans les constructions hypothétiques. L'iconographie des stèles funéraires et des pierres de héros où figure l'épouse à côté du guerrier-héros des castes royales ou de *kshatriya* « montre que l'autosacrifice des femmes confère à la mort glorieuse des hommes un surcroît de sanctification[49] ». Comme le Rajasthan est le pays des Rajput, les « fils de rois », peuple de princes et de guerriers reconnus pour leur force virile (*vira*) et leurs qualités héroïques, il n'est pas étonnant d'y retrouver à la fois nombre de ces pierres et la glorification du sacrifice sublime de l'épouse fidèle qui accompagne son époux dans sa mort glorieuse. On sait que cette coutume ne s'est jamais généralisée dans l'Inde, même si les plus anciennes données statistiques ne remontent pas au-delà de 1805. S'il faut en croire les témoignages des étrangers, missionnaires et voyageurs, l'autosacrifice des veuves aurait connu une régression aux XVIIe et XVIIIe siècles avec les mesures dissuasives des empereurs moghols qui ont occupé le pays. Selon un chiffre officiel bien inférieur à la réalité, entre 1815 et 1828, il y a eu 8 134 immolations de veuves au Bengale. La pratique a

---

47. L'étude de Catherine Weinberger-Thomas comporte un article et un ouvrage portant le même titre : « Cendres d'immortalité. La crémation des veuves en Inde », *Archives de sciences sociales des religions* 67,1 (1989) : 9-51 ; et *Cendres d'immortalité. La crémation des veuves en Inde*, Paris, Seuil, 1996.
48. C. Weinberger-Thomas, *Cendres d'immortalité...*, 1996 : 180.
49. C. Weinberger-Thomas, « Cendres d'immortalité... », 1989 : 12.

été abolie au Bengale en 1829 par législation coloniale anglaise, mais elle est restée vivante dans les états princiers. Jusqu'aux années 1980, elle n'a été que sporadique. Sa réapparition semblerait correspondre à une reviviscence de l'hindouisme militant. Les fortes turbulences créées par l'immolation de la jeune veuve Roop Kanwar ont forcé le Parlement indien à voter, le 3 janvier 1988, la première loi interdisant cette pratique[50].

Dans les dernières décennies, de sordides histoires d'homicides pour dot[51] déguisés en suicides ou accidents ont mobilisé les luttes féministes. La coutume de la dot persistant en dépit des législations, les parents doivent parfois s'endetter à vie pour marier leur fille. Si la cupidité de la famille du mari n'est pas satisfaite de la dot ou si les parents ne parviennent pas à remplir leur promesse, la jeune épouse subit chantage et sévices. Et les mêmes scénarios se répètent : des épouses désespérées se jettent ou «tombent par accident» dans le puits, pour d'autres, c'est un pan du sari qui s'enflamme au feu de cuisine. La femme n'a souvent d'autre identité que celle d'être l'épouse, la fille ou la sœur d'un tel. Selon les *Lois de Manu*, une femme est toujours dépendante de quelqu'un ; enfant, elle est sous la garde de son père, ensuite elle est sous la garde de son époux, et quand son époux est mort, elle est sous la protection de ses fils. Elle ne peut être indépendante[52]. Veuve, elle n'a plus de statut et elle est un fardeau pour la belle-famille qu'elle doit servir. Le lourd poids de la tradition rend la veuve responsable du bien-être de son époux et responsable de sa mort. Selon les traités de *dharma*, les *dharma-shâstra*, son devoir d'épouse (son *strî-dharma*) est d'accompagner son mari et d'assurer sa longévité. S'il meurt le premier, c'est qu'elle a failli à son devoir de femme. L'épouse fidèle, la *satî*, accompagne son époux jusque dans la mort. Roop Kanwar n'avait pas encore d'enfants. Se sentant inutile, a-t-elle voulu échapper à l'ignominie du veuvage féminin en s'immortalisant par une action héroïque ?

Bien des auteurs de *dharma-shâstra* se sont plu à discourir sur le devoir des femmes. Il peut être intéressant de men-

---

50. *Ibid.*, 1989 : 13-15.
51. *Bride burning* ou *dowry deaths*.
52. *Lois de Manu* 5, 148 et 9, 1-3.

tionner qu'en 1833 un *guru* du nom de Muktânanda a composé une *Sati-Gîtâ*, ou « Chant de l'épouse idéale[53] ». Le texte décrit d'abord le devoir des épouses, puis celui des veuves. La *satî* ou l'épouse fidèle qu'il peint doit toujours être à la disposition de son époux, qui est son seul vrai dieu, et lui manifester un amour infini. Quand son mari meurt, elle se brûle sur son bûcher ou bien elle observe la chasteté. La veuve doit renoncer aux plaisirs des sens. Elle ne se coiffe pas, elle laisse tomber ses cheveux ou les porte en chignon d'ascète, ou encore, elle peut se raser la tête, sacrifier ses cheveux. Elle ne montre aucune coquetterie, ne porte pas de vêtements de couleurs, ne se pare ni d'ornements, ni de bijoux, ni de fleurs, n'utilise ni maquillage, ni poudre de couleurs, ni substances parfumées, elle n'applique pas d'huile sur sa chevelure ni sur son corps. Puis le texte décrit les observances religieuses des veuves et les règles de vie qui doivent être les leurs, vie vécue dans l'ombre et dans l'abnégation.

On sait, par ailleurs, que pour attendre la mort, beaucoup de veuves s'en vont résider à Vârânasî (Bénarès) dans l'espoir d'expier leurs fautes et d'atteindre la libération. On les appelle les veuves *kâshivâsî*, « celles qui résident à Kâshi » (Kâshi est un nom ancien de la ville). Une enquête menée par Baidyanath Saraswati[54] a révélé que ces veuves viennent de toutes les régions et de toutes les castes, quoiqu'elles soient en majorité brahmanes. Certaines demeurent dans la parenté, d'autres font du service domestique, certaines vivent dans des refuges religieux, mais la majorité vivent dans des chambres de location. Certaines reçoivent un support économique de leur famille ou de celle de leur défunt mari. La plupart ont droit à une petite pension de l'État, mais les règles d'attribution sont complexes et les extorsions fréquentes, de sorte que beaucoup de veuves âgées sont réduites à la mendicité. Elles mènent une vie d'austérité dans laquelle la pratique des rituels religieux tient une large place. Beaucoup de ces veuves honorent la photo de leur époux et considèrent la rencontre de leur époux dans l'au-delà comme le but de leur vie.

---

53. Voir Françoise Mallison, *L'épouse idéale. La Sati-Gîtâ de Muktânanda*, traduite du *gujarâti*, Paris, Institut de civilisation indienne, 1973.
54. Baidyanath Saraswati, « The Kashivasi Widows », *Man in India* 65,2 (1985) : 107-120.

L'épouse fidèle qui accompagne son époux sur le bûcher est une *satî*. Le mot *satî* est dérivé de la racine verbale *as*, « être », dont le participe présent est *sat*, « qui est », sens premier du terme sur lequel s'est greffée l'idée de bien, de vertu. Le mot *satî* est le féminin de *sat* substantivé et désigne d'abord l'épouse vertueuse, fidèle au vœu conjugal. Puis le sens s'est élargi pour désigner l'épouse fidèle déterminée à accompagner son époux sur le bûcher. La *satî* est habitée par le *sat* qui est la qualité ou l'énergie qui la définit, le feu intérieur qui l'habite. Dans le contexte rituel, le mot *satî* désigne la veuve qui se brûle sur le bûcher de son époux. Et c'est de façon abusive que le terme est employé pour nommer le rite de la crémation des veuves ; cela est dû pour une bonne part à l'influence des Britanniques qui ont fondu les deux sens dans le mot *suttee*. Car le sanskrit ne dispose d'aucun terme pour nommer ce rite, il use plutôt de périphrases : *sahagamana*, « le fait d'aller avec » ; *sahamarana*, « le fait de mourir avec » ; *anugamana*, « le fait d'aller après » ; *anumarana*, « le fait de mourir après ». Le mot *sat* a un dérivé, *satya*, « ce qui est vrai », qui devient « parole de vérité » et qui est une autre notion forte de la tradition indienne. Une fois qu'elle a déclaré son intention de suivre son époux dans la mort, la veuve ne peut revenir sur sa parole qui est *satya*, parole de vérité. Elle est désormais consumée par le *sat* qui brûle en elle et qui fera d'elle une *satî*[55].

La pratique du sacrifice de la *satî* a été observée surtout dans le Bengale colonial et au Rajasthan. La professeure Lindsey Harlan a fait des observations pendant un an et demi, en 1984-1985, au Rajasthan, en particulier autour de la ville d'Udaipur[56]. En dépit de l'illégalité de cette pratique, elle a découvert chez les femmes Rajput une vive admiration pour les *satî*. Dans leur tradition, l'acquisition du *sat* se fait à travers une transformation personnelle comportant trois stades conceptuels. La femme fait d'abord le vœu d'être une épouse dévouée (*pativrata*), de servir le mieux possible son

---

55. C. Weinberger-Thomas, « Cendres d'immortalité... », 1989 : 17-25 ; *Cendres d'immortalité...*, 1996 : 31-35 ; 135-136.
56. Voir Lindsey Harlan, « Perfection and Devotion : Sati Tradition in Rajasthan », dans John Stratton Hawley (ed.), *Sati, the Blessing and the Curse. The Burning of Wives in India*, New York / Oxford, Oxford University Press, 1994 : 79-91.

époux. La substance de ce vœu, c'est la protection de l'époux : elle le protège d'abord en étant attentive à ses besoins et en l'aidant à devenir ce qu'il doit être, puis en faisant des actions agréables aux divinités qui, en retour, l'aident à être une meilleure épouse et protègent son mari. Ainsi protégé par son épouse, l'époux ne peut que devenir prospère ; sinon, il va souffrir et peut-être mourir. On a là l'expression de la vision traditionnelle selon laquelle l'épouse qui survit à son mari est soupçonnée d'avoir manqué à son devoir de dévouement.

La femme peut cependant échapper à tout soupçon en faisant le vœu de *satī* (*sativrata*), le vœu de suivre son époux dans la mort, devenant ainsi une *sahagaminī*, « celle qui va avec ». Ce vœu est la manifestation du *sat* qui brûle en elle. Dès la mort de son époux, ce *sat* commence à consumer son corps, et nul ne saurait désormais l'empêcher de rejoindre son époux. Ce n'est pas le feu du bûcher qui les brûle, mais c'est le feu intérieur du *sat* qui habite le corps de la *satī* qui éclate, les embrase, et les cendres des deux corps se mélangent pour des noces éternelles. Le troisième stade conceptuel est celui de la *satī* qui devient une mère-*satī* (*satīmātā*) protectrice, une déesse locale puissante qui accorde ses faveurs à ceux qui lui rendent un culte. L'enquête de Harlan révèle encore que la *satī* contrariée lorsqu'elle se prépare à mourir peut parfois prononcer une malédiction, dont la plus fréquente est l'infertilité visant habituellement la famille du mari.

Contrairement aux rites habituels de crémation, la crémation de la *satī* est publique et les femmes y sont admises. En tête de la procession funéraire, des soldats armés de sabres et de gourdins ; puis des musiciens, la civière ou le palanquin du défunt, les brahmanes officiants, l'épouse sur un palanquin ou à cheval — et parfois les épouses et les concubines qui deviennent *satī* ensemble —, et finalement la foule bruyante de toutes castes. Lorsque le bûcher a été édifié et que le corps du défunt y a été déposé, la *satī* se dépouille de tous ses ornements, jette des fleurs et du riz dans le bûcher et fait la circumambulation autour du bûcher en le gardant à sa droite comme pour les rites en l'honneur des dieux. Puis elle monte sur le bûcher, à droite du cadavre de son époux, et l'enlace ou pose sa tête sur ses genoux. Le fils ou le parent mâle le plus proche allume le feu du côté droit de la tête du défunt. Selon une variante du rituel, elle se jette dans les flammes du bûcher de son mari. La crémation est ponctuée par la musique et la clameur de la foule, des témoins étrangers parlent même de frénésie ou d'hystérie collective. Dans certaines villes, comme Jodhpur et Bikaner au Rajasthan, on peut voir des empreintes de mains de *satī* sculptées aux portes de la ville ou des forts ou sur quantité de stèles funéraires. Ces marques témoignent du dernier geste des *satī* qui, au moment de quitter le palais ou la maison, posaient sur le mur leur main droite imbibée d'eau et de poudre de safran.

La femme qui se fait *satī* meurt en véritable épouse. Dans la conscience populaire locale, Roop Kanwar est devenue une épouse fidèle déifiée qui a droit à un culte devant une image pieuse d'elle-même, une image réalisée par montage de photos la montrant revêtue de son sari rouge et de ses parures de mariage et enlaçant le corps de son époux dans le lit de flammes. La *satī* s'est libérée du sort souvent insupportable réservé aux veuves ; purifiée par le sacrifice du feu, elle s'est transformée en une divinité protectrice de la lignée ou du territoire, déesse qui s'ajoute aux autres divinités locales et qui a droit à son sanctuaire. On bâtit un récit de vie de la nouvelle *satī*, on la vénère par un culte, on lui demande de chasser les maux de toutes sortes, d'accorder des guérisons et même des fils. Mais on redoute aussi sa malédiction.

La tradition indienne réprouve le suicide, mais elle a toujours exalté le suicide rituel de l'ascète. L'immolation volontaire de la *satī* n'est cependant pas perçu comme un suicide, mais bien comme un sacrifice. La mort volontaire de la *satī* participe de l'idéologie sacrificielle. Le *tyāga* ou l'abandon, c'est-à-dire le don que fait la *satī*, c'est sa propre vie. Elle abandonne volontairement sa vie pour accompagner son époux dans la mort, elle est une victime consentante qui donne sa vie en offrande dans le feu sacrificiel des funérailles de son époux. À cette exception près qu'elle est une victime sacrificielle d'accompagnement. La divinité à qui est destiné son sacrifice, c'est son époux, ce qui ne fait que ritualiser une conception traditionnelle : l'époux est un protecteur, un maître et un dieu pour son épouse. Les fruits de ce sacrifice sont considérables. Le sacrifice de la *satī* sauve son époux de l'enfer et purifie les lignées de son père, de sa mère et de son époux pendant trois ou sept générations[57]. La *sati* en recueille aussi sa part. Veuve, elle est sans nom. Mais *sati*, elle gagne la gloire et l'immortalité ; elle triomphe sur le veuvage et fige pour l'éternité son image d'épouse fidèle. Et dans la mémoire collective, elle est désormais une déesse.

Quoiqu'on ne connaisse pas de mythe étiologique au sacrifice de la *sati*, on ne peut néanmoins s'empêcher d'évoquer l'immolation, dans la pure tradition indienne du suicide de revendication, de la déesse Satî, l'épouse du grand dieu Shiva. Cependant, Satî n'est pas une veuve. C'est du vivant de son époux qu'elle s'immole, et si elle le fait, ce n'est pas par fidélité à l'époux, mais bien par geste de protestation contre son père. Pour la célébration d'un grand sacrifice, Daksha, le père de Satî, avait invité tous les dieux du panthéon, sauf Shiva, son gendre, lui reprochant entre autres choses sa manie peu respectable de se tenir sur les terrains de crémation. Satî s'indigne devant son père qui persiste dans son obstination. Incapable de supporter l'humiliation faite à son époux, l'épouse dévouée de Shiva se jette dans le feu du sacrifice et meurt. Selon d'autres versions du mythe, par colère et vengeance, elle se retire au nord de l'aire sacrificielle, entre en état de *samâdhi*, c'est-à-dire de recueillement par le yoga, et meurt consumée dans le brasier issu de l'ardeur de son yoga. Pris de rage, Shiva envoie ses hordes pour détruire le sacrifice de Daksha et malmener les dieux. Puis, désespéré, il hisse sur son épaule le cadavre de Satî et l'emporte. La douleur lui fait momentanément oublier ses fonctions de destruction et de recréation de la vie et du monde, et l'équilibre des trois mondes s'en trouve menacé. Pour le sortir de sa léthargie et le contraindre à reprendre son rôle de destruction, les dieux entreprennent de lui retirer le corps inanimé de Satî. Pendant que Shiva danse avec le cadavre de Satî sur sa tête, les dieux l'attaquent à coups de flèches et, un à un, les morceaux du corps de Satî s'éparpillent dans différents lieux de l'Inde. Selon des traditions toujours populaires, chacun de ces endroits est à l'origine de sanctuaires et de lieux de pèlerinage parmi les plus fréquentés encore

---

57. C. Weinberger-Thomas, « Cendres d'immortalité... », 1989 : 29 et 36.

de nos jours. L'éparpillement des morceaux du corps de Satî est peut-être une évocation du sacrifice initial du démembrement et de la dispersion du corps de Prajâpati, le « maître des créatures ».

Le dieu Shiva et les terrains de crémation

Satî renait. Elle est maintenant la fille de Himavant, « l'Enneigé », que l'on connaît sous le nom Himâlaya, le roi des montagnes, et elle se nomme Pârvatî, la « montagnarde » ou la « fille de la montagne » (de *parvata*, montagne). Elle désire à nouveau épouser Shiva. Mais le grand dieu, en tant que grand *yogin*, se livre à la méditation et à l'ascèse dans les monts Himâlaya. Lorsque la fille de la montagne tente de s'approcher de lui, il est troublé dans ses pénitences par une flèche que lui décoche Kâma, le dieu Amour. Kâma est immédiatement réduit en cendres par le feu du regard foudroyant du troisième œil que Shiva porte au front. Shiva ne consent finalement à épouser la fille du roi des montagnes que lorsqu'elle se sera elle-même livrée à une dure ascèse. Dotée de la force du grand yoga, Pârvatî pratique une pénible ascèse, ne se nourrissant que de feuilles. Vaincu par l'amour, l'ascète Shiva épouse Pârvatî et rend au dieu Amour son corps qu'il avait réduit en cendres[58]. Le mariage de Shiva et de Pârvatî est le modèle de l'amour et le prototype du mariage, et l'imagerie populaire s'est plu à peindre la cérémonie des épousailles divines devant le feu rituel. Pârvatî est l'image même de la fidélité à l'époux. Elle prend des noms différents selon les aspects de son époux. Elle est la paisible et aimante Umâ ou Pârvatî, épouse et mère qui se tient auprès de Shiva. Dans ses aspects féroces, elle devient Durgâ, « l'inaccessible », qui vainc les démons et le mal, mais qui est bonne pour ses dévots, ou bien Kâlî, la « Noire » qui piétine les cadavres et qui détruit les ennemis, mais qui est aussi pleine de tendresse pour ses dévots qui sont très nombreux. Elle est finalement Devî, la Déesse, et Shakti, l'Énergie divine qui anime l'univers.

---

58. Cette belle histoire fait le sujet du drame lyrique *Kumârasambhava* de Kâlidâsa, poète et auteur dramatique très célèbre qui a vécu au IVe ou Ve siècle de notre ère.

Comme tous les personnages mythiques et épiques, Shiva, « le bienfaisant, le bienveillant », est désigné par une myriade de noms, d'épithètes ou de périphrases mettant en relief l'un ou l'autre de ses aspects expressifs. Dieu aux contrastes éclatants, il a une forme favorable, compatissante pour ses dévots, ainsi qu'une forme terrible, destructrice. Sous sa forme redoutable, il apporte la catastrophe, la maladie, la terreur et la mort. Il a établi sa demeure sur les lieux de crémation, les endroits les plus impurs et les plus dangereux qui soient à cause de la pollution rituelle liée aux cadavres. L'iconographie le représente dans une apparence repoussante, la chevelure ébouriffée, le corps couvert de cendres et orné de serpents et de guirlandes de crânes humains. Il est habituellement assis sur une peau de tigre près des bûchers où des cadavres ont été consumés. Sur la scène rôdent chiens, chacals et vautours qui s'emparent des ossements laissés par les flammes. Dans la littérature des sectes shivaïtes, les jeux de mots sur *shiva*, « favorable, propice », et *shava*, « cadavre », sont courants. On connaît ainsi un Shiva-Shava, un Shiva-cadavre que piétine la déesse Kâlî. En dehors du pur contexe sectaire, c'est par le sacrifice et la purification de la crémation que le *shava*, le cadavre, devient *shiva*, propice.

L'iconographie a généreusement doté le grand Shiva d'attributs qui lui sont spécifiques. Son front est marqué d'un troisième œil vertical, l'œil de la sagesse, et par trois lignes horizontales, lignes que portent aussi ses dévots et qui les distinguent des adeptes de Vishnu. Sur ses longs cheveux noués sur la tête en un chignon d'ascète repose un croissant de lune ; du chignon, le flot de la déesse Gangâ (le Gange) jaillit comme une fontaine pour régénérer le monde. Des serpents s'enroulent autour de ses bras et de son cou et une peau de tigre ou de panthère lui sert de tapis lorsqu'il est en posture de *yogin*. Dans ses mains, il tient un petit tambour, un bol d'ascète-mendiant, un collier fait de graines et un trident, symbole de son pouvoir. L'animal qui l'accompagne est un taureau blanc appelé Nandin ; c'est pourquoi dans les temples qui lui sont dédiés, un taureau sculpté veille à l'entrée. Le « signe distinctif » du dieu, c'est le *linga*, un phallus dressé, symbole de l'énergie créatrice de Shiva, et objet de culte pour ses dévots.

Vârânasî, ou Bénarès, la ville sainte de l'hindouisme, est aussi la cité du dieu Shiva qui règne en maître sur les lieux. La ville est ceinturée par le Gange, ou plutôt la Gangâ, le fleuve-déesse descendu du ciel pour purifier et sauver les humains. Les ruelles enchevêtrées de la ville bourdonnent d'une activité commerçante grouillante et du va-et-vient de la foule bruyante des dévots et des pèlerins qui se fraient un chemin vers les deux mille temples de la ville ou vers les *ghât*. Car Vârânasî, c'est la ville aux nombreux *ghât*, ces immenses escaliers de pierre qui conduisent au fleuve. Certains sont réservés aux blanchisseurs qui font la lessive dans le Gange. Mais les *ghât* permettent avant tout aux habitants de la ville de descendre au fleuve-mère prendre le bain quotidien de purification. Ce sont ces mêmes *ghât* qui accueillent les foules de croyants venus de tous les coins de l'Inde accomplir le pèlerinage dans la ville où la Gangâ est réputée avoir des vertus salvatrices. En retrait et à l'abri de la cohue, se trouvent les *ghât* funéraires où sont disposés les bûchers. Ces *ghât* funéraires sont surplombés d'une immense effigie du dieu Shiva portant toutes ses marques caractéristiques, accompagné de son taureau, et exécutant une danse.

Car Shiva est encore appelé Natarâja, le « roi de la danse », aspect du dieu qui a été une source féconde d'inspiration pour les artistes et les poètes. La danse de Shiva prend deux expressions opposées qui se moulent aux manifestations, bienveillantes ou bien terribles, du dieu. Sur les terrains de crémation, c'est le *tândava*, une danse violente, frénétique, embrasée par une énergie destructrice. C'est la danse du maître du temps qui s'écoule, du maître de la mort. D'un côté, danse macabre ; de l'autre, danse triomphante, car les mouvements de la danse de Shiva expriment aussi le triomple de la vie qui rejaillit sans cesse. Le cercle de la danse de Shiva, c'est la vie et la mort humaines et, tout autant, la vie et la mort du monde, tous deux soumis au retour, à la renaissance, au mouvement circulaire de transformations incessantes de vie. Pas de fin définitive, que des fins passagères, moments de transition ou chaînons dans la chaîne sans fin des existences.

La danse de Shiva sur les terrains de crémation représente à la fois la destruction des vies humaines individuelles et la destruction périodique du monde après chaque cycle de vie cosmique. Car Shiva est aussi appelé Mahâkâla, le « Grand Temps ». La danse divine n'a pas qu'une fonction destructrice ; elle a aussi une fonction recréatrice qui réveille les énergies assoupies et les fait rejaillir. Shiva est le danseur cosmique à l'énergie éternelle. Il est le maître de la *mâyâ*, la magie créatrice de formes et d'illusions qui émerge du mouvement rythmique de sa danse. Des représentations, bien connues dans le monde entier, le font voir avec quatre bras, un pied posé sur le corps d'un nain, une jambe levée, la chevelure déployée comme une écharpe où se blottit la céleste Gangâ, et tenant à la main son minuscule tambour en forme de sablier. Il repose sur un piédestal de lotus et exécute sa danse dans un cercle de flammes, véritable corde à danser en mouvement.

Le terrain de crémation, lieu le plus impur et le plus pollué, et par conséquent le plus dangereux, est à l'opposé du terrain sacrificiel, lieu de communication avec le divin. Le Shiva qui fréquente les terrains de crémation impurs avec leurs feux et leurs cendres funéraires est ce même Shiva qui a saccagé le terrain sacrificiel avec ses feux où devait se tenir le sacrifice offert par son beau-père Daksha. Il déploie son activité dans les zones de l'impur autant que dans celles du pur. Sur les lieux de crémation, il est un ascète et un *yogin* couvert de cendres et d'allure repoussante. Et c'est sous cette forme que l'adorent les *sâdhu* ou ascètes de certaines sectes shivaïtes. Ces *sâdhu* vivent une forme de renoncement plus spectaculaire que celle des *samnyâsin*, les renonçants parvenus au quatrième stade de vie ou quatrième *âshrama*, et qui se vouent à la mendicité, à la méditation et au yoga pour parvenir à la libération totale. Les *sâdhu* des sectes shivaïtes les plus excentriques sont le plus souvent nus et couverts de cendres, les cheveux en broussaille et roulés dans les cendres et ils vivent près des bûchers funéraires. Ces ascètes, qui sont généralement issus des castes plus basses que les *samnyâsin*, font fi de toute distinction entre pur et impur. Ils vivent leur rupture avec la société de façon provocatrice, en recherchant l'impureté extrême et en vivant sur les lieux jugés les plus impurs[59], à l'exemple du grand Shiva, leur maître.

Shiva condense en lui les oppositions cachées sous ses deux aspects principaux, l'un paisible et favorable, et l'autre, redoutable et féroce. Il est le dieu de l'érotisme, des plaisirs et de la volupté, le dieu de l'énergie sexuelle qui préside à la procréation, à la fécondité et à la création, énergie manifestée par son signe distinctif, le *linga*, image de l'organe sexuel mâle. Certains sanctuaires, certains temples shivaïtes n'ont d'autre image du dieu que celle du *linga* qu'on vénère dans des rites où il est arrosé de lait et couvert de poudre rouge et de fleurs. En contrepartie, Shiva est aussi le dieu de l'austérité, de l'ascétisme. Il est le *yogin* par excellence, celui qu'on appelle le Grand Yogin, le dieu ascète et mendiant. Shiva est le dieu de la mort et de la vie, le dieu de la destruction et de la recréation. C'est lui qui apporte la mort, c'est lui qui détruit les mondes. C'est lui aussi qui triomphe de la mort, qui apporte la vie, la régénération, c'est lui qui fait réapparaitre les mondes.

Funérailles humaines, funérailles cosmiques et régénération

Shiva est l'une des trois figures de la *trimûrti*, la « triple forme » ou la « triple image ». Il y a d'abord Brahmâ[60], le créateur et le gardien du Veda, personnification du principe abstrait de l'absolu, le *brahman* (neutre). Cause première de la création, Brahmâ s'efface, dans l'hindouisme, derrière les deux autres figures de la *trimûrti*. Vishnu est le dieu de la durée, celui qui préserve l'ordre cosmique, celui qui conserve la répétition des cycles cosmiques. Shiva est le dieu du mouvement à l'intérieur d'un cycle cosmique, le dieu du changement qui préside à la destruction et à la recréation. Car la destruction n'est jamais définitive. Elle n'est que la fin d'une création, d'un cycle. Pour qu'une nouvelle création

---

59. L'exemple extrême est celui des *sâdhu* Aghori. Voir Jonathan Parry, « Sacrificial Death and the Necrophagous Ascetic », dans Maurice Bloch et Jonathan Parry (ed.), *Death and the Regeneration of Life*, Cambridge, Cambridge University Press, 1982 : 74-110.
60. Autre nom de Prajâpati.

surgisse avec toutes ses mises en place, ses nouveaux départs, son ordre renouvelé, il faut que l'ancienne soit détruite. C'est Shiva qui y veille. Dans la conception indienne de l'ordre de l'univers, il n'est pas question de processus évolutif, mais plutôt d'une succession d'âges du monde formant des cycles qui prennent fin, recommencent et se répètent.

La fin d'une vie humaine, suivie de la renaissance dans une autre vie, peut être transposée au niveau cosmique. La grande indianiste Madeleine Biardeau a établi un parallèle entre, d'une part, les funérailles par le feu suivies de l'immersion des cendres dans un fleuve et, d'autre part, les funérailles cosmiques dans le grand brasier du cosmos suivies du déluge qui vient tout submerger[61]. Le feu sacrificiel du bûcher est un feu bienveillant et favorable qui offre à l'*âtman* la possibilité de se libérer du corps et de se purifier de ses impuretés. Il faut cependant que les cendres soient immergées. De la même façon, la destruction ou dissolution du monde se fait dans un grand feu cosmique, dans un immense bûcher à la mesure du cosmos qui réduit tout en cendres et ne laisse rien subsister de ce qui était. Il y a cependant un reste, les cendres, et ce sont ces cendres, ou ce qui reste de la dissolution, de la résorption cosmique, qui sont immergées dans l'immense inondation qui suit. C'est alors au tour du dieu Vishnu de jouer son rôle. Il recueille en lui ces restes destinés à renaître et les préserve pendant toute la durée de la nuit cosmique qui s'étend entre deux périodes cosmiques, celle qui a pris fin et l'autre qui est appelée à apparaître. Pendant cette période intermédiaire, Vishnu repose sur l'océan primordial ou l'onde unique, étendu sur le serpent Ananta, « Infini », appelé aussi Shesha, « Reste », ayant résorbé en lui toutes les créatures. Le « reste » est le germe pour un redéploiement, pour un nouveau départ. Il est la force active qui assure la recréation de l'univers. Le serpent Reste qui soutient Vishnu endormi préserve ce reste.

Ces recréations périodiques n'empêchent pas que des interventions divines soient nécessaires lorsque l'équilibre ou l'ordre du monde est menacé. Vishnu est la seule divinité

---

61. Madeleine Biardeau, *Études de mythologie hindoue 1. Cosmogonies purâniques*. Paris, École française d'Extrême-Orient, 1981 : 161-170.

à se manifester sous forme humaine ou animale pour sauver le monde lorsqu'il est menacé d'un grand péril. Quand l'ordre du monde, le *dharma*, se détériore, et que règne l'*adharma*, le désordre, il intervient pour rétablir l'équilibre, comme il le dit dans la *Bhagavad-Gîtâ* : «Chaque fois que l'ordre défaille et que le désordre s'élève, c'est alors que moi, je me produis moi-même. Pour la protection des bons et la destruction des méchants, pour rétablir l'ordre, d'âge en âge, je viens à l'existence[62].» Il le fait par l'intermédiaire d'un substitut ou d'une manifestation de lui-même, un *avatâra*, mot qui veut dire «descente» (de *ava-trī*, littéralement «traverser de haut en bas»). Les textes font généralement mention de dix *avatâra* de Vishnu, dont le plus vénéré est sans doute Krishna, celui-là même qui livre son enseignement dans la *Bhagavad-Gîtâ*, «le chant du Bienheureux», le bienheureux Vishnu-Krishna.

C'est la même notion de réactivation du reste qui joue dans le mécanisme de la doctrine du *karman* et des renaissances[63]. L'accumulation du *karman*, bon et mauvais, conditionne la qualité de la renaissance. Au terme d'une existence, il n'y a jamais équilibre entre la somme des actions bonnes et celle des actions mauvaises. Le bilan laisse toujours un excédent, positif ou négatif, qui mène à un séjour transitoire dans un ciel ou un enfer afin de mûrir le fruit des actes. Dans le résidu qui subsiste se trouvent réunies les conditions de la nouvelle naissance dans laquelle un nouveau *karman* sera accumulé qui, à son tour, portera ses fruits dont le mûrissement laissera un nouveau reste. Et ainsi de suite. La roue tourne, et tourne sans cesse.

---

62. *Bhagavad-Gîtâ* 4, 7-8 (trad. A.-M. Esnoul et O. Lacombe).
63. Voir Charles Malamoud, «Observations sur la notion de "reste" dans le brahmanisme», dans *Cuire le monde* : 13-33.

CHAPITRE

Le rituel postfunéraire hindou ou culte des ancêtres

L e rituel des funérailles ou crémation ne constitue que le premier volet du rituel funéraire hindou. Il a pour but de purifier et d'apprêter le corps du défunt en vue de son voyage vers l'au-delà. La crémation est l'*antyeshti*, « l'ultime offrande », c'est-à-dire la dernière offrande que le défunt, qui est le véritable sacrifiant de ce sacrifice, aura faite au cours de cette existence terrestre qui prend fin. L'offrande ou la victime sacrificielle, c'est lui-même, victime déjà morte qui sera apprêtée par le feu sacrificiel pour être portée en oblation vers les dieux. La crémation est aussi le dernier des *samskâra*, le dernier des rites de perfectionnement, celui qui offre au défunt l'apprêt nécessaire pour franchir le passage entre le monde visible d'ici-bas et le monde invisible de l'au-delà.

Au cours de sa vie terrestre, le défunt a célébré des rites. Au moment où il quitte ce monde, ce sont ses descendants qui doivent prendre le relais pour lui assurer les rites nécessaires au voyage qu'il entreprend ainsi qu'à sa nouvelle vie dans l'autre monde. Le pont qu'il doit franchir ou la traversée qu'il doit réaliser, c'est une étape redoutée qui comporte ses dangers et ses écueils que la crémation ne permet pas de contrer. Elle ne peut lui offrir que le billet de passage pour l'au-delà. Pour nécessaire qu'elle soit, elle n'en est pas moins insuffisante pour garantir l'intégration du défunt dans le monde de l'au-delà. Il faut en plus voir à ses conditions d'existence dans le monde invisible. La crémation doit donc être complétée et parachevée par les rites des *shrâddha*, car le défunt demeure dans la condition précaire de *preta*, de « trépassé », dangereuse tout autant pour lui que pour ses descendants, aussi longtemps que les rites postfunéraires des *shrâddha* n'ont pas été dûment accomplis.

Après la crémation, ce qui subsiste, ce qui reste du défunt, c'est le *preta*. Le défunt doit en effet vivre une période transitoire de *preta*, de « trépassé », pendant laquelle les vivants ont le devoir d'apaiser son anxiété et de rassasier sa soif et sa faim par une série d'offrandes d'eau et de boulettes de nourriture qui vont lui permettre de se reconstituer graduellement un corps temporaire de la taille du pouce. Si les *shrâddha* ne sont pas célébrés, cette période transitoire peut devenir angoissante pour le *preta* et dangereuse pour les descendants ; le *preta* ne peut poursuivre son itinéraire et il n'a d'autre choix que de hanter les siens, tel un fantôme errant, pour réclamer les rites qui lui sont dus. Au terme d'une série de *shrâddha* dûment et régulièrement accomplis, le *preta* pourra finalement accéder à la condition de *pitri*, d'ancêtre, condition favorable pour lui, de même que pour ses descendants. Quand il a rejoint les autres *pitri*, les autres ancêtres, il a encore droit aux *shrâddha* réguliers pour les *pitri* en tant que groupe.

Célébrer les *shrâddha* pour ses parents, ses grands-parents, ses arrière-grands-parents constitue l'un des devoirs les plus impérieux. D'où la nécessité du fils et des descendants afin d'assurer tous ces rites indispensables à la satisfaction des défunts et des *pitri*. Lorsqu'ils sont comblés par les *shrâddha*, les *pitri* manifestent en retour leur gratitude en octroyant, tels des dieux, leurs faveurs innombrables. Les questions de lignée sont sous-jacentes à l'institution du *shrâddha*. Le fils qui célèbre les *shrâddha* pour son père et pour ses ancêtres doit accompagner ses offrandes de la mention de leurs noms. Il est important de se situer dans la lignée, de connaître ses ancêtres et de les nommer. Mais il est tout aussi important de perpétuer la lignée, d'engendrer des fils, car en plus de la continuité biologique, les fils assurent aussi la continuité rituelle et la célébration des rites pour les défunts.

Rappelons-nous que le sacrifice védique reposait sur la *shraddhâ*, la foi ou la confiance en l'efficacité du rite. Le sacrifiant qui commandait et assumait les frais du sacrifice devait avoir confiance dans le pouvoir effectif du rite qu'il mettait en branle et dans la compétence des brahmanes qu'il choisissait comme officiants. Car il voulait obtenir les fruits du sacrifice. Les rites postfunéraires sont désignés sous le nom de *shrâddha* (masculin) parce qu'ils se fondent sur la *shraddhâ* (féminin), la confiance en l'efficacité du rite. Plusieurs sources écrites soulignent que le terme *shrâddha* (m.) est dérivé de *shraddhâ* (f.)[1], mais cette foi n'est pas toujours perçue ou définie de la même façon. Réduit à son concept de base et à sa plus simple expression, le *shrâddha* est essentiellement fait de l'offrande aux défunts ou aux *pitri* d'eau et de boulettes de nourriture appelées *pinda* dans le but d'abord de les rassasier, puis de se les rendre favorables. Dans les faits, cette nourriture destinée aux *pitri* est offerte à des brahmanes invités qui sont les représentants des *pitri* et qui consomment une partie des offrandes. Pour le *shrâddhin*, celui qui accomplit les rites des *shrâddha*, la foi dans l'efficacité du rite réside dans la conviction que le fait de nourrir les brahmanes nourrit réellement les *pitri*.

Le mot *pitri*, qui est le correspondant du latin *pater*, signifie « père ». C'est un mot courant de la langue sanskrite. Dans le contexte familial, il désigne le père de famille et, au pluriel, les parents d'un enfant. Mais dans le contexte rituel du *shrâddha*, il revêt un sens particulier : il désigne précisément les trépassés pour qui les rites postfunéraires des *shrâddha*, bien distincts des rites funéraires, ont été dûment et correctement accomplis, ce qui leur a permis d'accéder au statut propice d'ancêtres, de *pitri*. Cet emploi spécifique du terme *pitri* a été indifféremment traduit par « pères », « ancêtres », « mânes », ou « Pères » par les premières générations de sanskritistes et

---

1. Ainsi qu'il a été mentionné déjà (chapitre I : « L'efficacité de la parole bien dite et de l'action bien faite »), les deux mots se distinguent par la place de la voyelle longue : la *shraddhâ*, le *shrâddha*, l'allongement de la voyelle initiale indiquant la dérivation de ce mot par rapport à l'autre.

d'indianistes occidentaux. Compte tenu que les *pitri* sont les ancêtres qui, après avoir assuré la continuité de leur lignée, ont atteint dans l'autre monde la gloire et la puissance de divinités, mieux vaut conserver le terme sanskrit pour les désigner, d'autant plus qu'il faut également bien distinguer entre, d'une part, *pitri* ou ancêtres et, d'autre part, *preta* ou trépassés.

Tout ce qui entoure les *shrâddha* et les *pitri* est encore relativement peu connu à l'extérieur de l'Inde. Ces questions ont pourtant suscité beaucoup d'intérêt à la fin du XIXe siècle, comme tout ce qui rejoignait la pensée ou la civilisation de l'Inde. Ce mouvement a été drainé par l'effervescence de ce qu'on a appelé la renaissance orientale. On sait en effet qu'au tournant du XVIIIe siècle une grande vague de curiosité pour l'Asie a déferlé sur l'Europe grâce à la conjonction d'une panoplie de facteurs : récits des missionnaires et des voyageurs, découvertes archéologiques, découvertes d'alphabets nouveaux, recherches des savants, importation et traduction d'œuvres de langues étrangères, goût de l'exotisme qui sera si présent dans les littératures européennes, attrait pour les formes de spiritualité des différentes civilisations de l'Asie, et surtout découverte de la notion de l'étranger et de la notion du différent. Tout cela a amené, comme l'a si bien démontré Raymond Schwab[2], un élargissement de la notion d'humanisme restée figée depuis le XVIe siècle[3]. L'orientalisme s'est encore renouvelé au XIXe siècle avec la traduction et la publication de textes sanskrits, faisant suite à une véritable «découverte» de la langue sanskrite, langue qui a frappé l'Europe de surprise en mettant à jour une parenté évidente avec, en particulier, le latin et le grec. L'indianisme (ou l'indologie, comme on le disait à l'époque), est né en Angleterre, mais l'explosion s'est vite répandue en Allemagne, puis à Paris. La ferveur pour les textes sanskrits a gagné tous les domaines de la pensée, la philosophie allemande n'étant pas la moins profondément touchée. L'exaltation et l'enthousiasme feront place, au milieu du siècle, à la rigueur scientifique, et cela sera dû au travail des sanskritistes.

---

2. Raymond Schwab, *La renaissance orientale*, Paris, Payot, 1950.
3. Pour un aperçu de la force de séduction qu'a pu exercer l'Inde sur la littérature française en particulier, voir le volumineux ouvrage de Jean Biès, *Littérature française et pensée hindoue. Des origines à 1950*, Strasbourg, Librairie C. Klincksieck, 1974, 681 p.

L'Inde a fourni une littérature étonnamment élaborée en ce qui a trait aux rites des *shrâddha*. Un grand nombre de ces textes sanskrits ont été portés à la connaissance de l'Occident depuis les travaux des chercheurs de la fin du XIXe siècle, en particulier ceux de l'école allemande. L'apport le plus marquant a été celui du Hollandais Willem Caland, un sanskritiste qui, dans trois ouvrages parus en allemand en 1888, 1893 et 1896 a donné une systématisation des textes sources indiens alors très peu ou pas connus en dehors de l'Inde[4]. Caland a établi une classification des différents types de *shrâddha* accompagnée d'une description, il a fait connaître les *shrâddha-kalpa*, les « manuels de rituels concernant les *shrâddha* », selon les différentes écoles de pensée, et il a finalement dressé une description élaborée de l'ensemble du rituel funéraire indien. C'est ainsi qu'il a éclairé et très tôt supplanté les autres travaux qui avaient été faits en se basant sur l'observation directe et sur les méthodes de l'anthropologie. Il s'est imposé comme la référence la plus sûre en matière d'étude sur les *shrâddha* jusqu'à la publication, en 1953, du quatrième volume de *History of Dharmashâstra* de Kane, publié par le Bhandarkar Oriental Research Institute de Poona, en Inde[5], ouvrage monumental dont il a été question à la fin du deuxième chapitre. Cette immense compilation des sources et des données ayant trait aux *shrâddha* en fait la référence la plus exhaustive à ce jour[6].

---

4. Willem Caland, *Über Totenverehrung bei einigen der Indo-germanischen Völker*, Amsterdam, 1888 ; *Altindischer Ahnencult : das Shrâddha nach den verschiedenen Schulen mit Benutzung handschriftlicher Quellen dargestellt*, Leiden, Brill, 1893 (rééd. Wiesbaden, 1967) ; *Die Altindischen Todten- und Bestattungsgebräuche mit Benutzung handschriftlicher Quellen dargestellt*, Amsterdam, 1896.
5. P. V. Kane, *History of Dharmashâstra*, vol. 4 : 334-551.
6. Puis il y a eu l'ouvrage de Dakshinaranjan Shastri, *Origin and Development of the Rituals of Ancestor Worship in India*, Calcutta, Bookland Private Limited, 1963, qui brosse les contours de l'évolution des rites des *shrâddha*. Pour une description rapide des rites des *shrâddha*, voir Gopal, *India of Vedic Kalpasütras* : 369-376. — Pour les rapports entre *shrâddha* et *shraddhâ*, voir Kane, *History of Dharmashâstra*, vol. 4 : 351-352, et Shastri : 369-390.

Le *shrâddha* type : le *shrâddha* pour les trois ancêtres immédiats

Le *shrâddha* consiste essentiellement dans l'offrande au défunt ou aux *pitri* d'eau et de boulettes de nourriture appelées *pinda* (prononcez *pin(e)da*) dans le but de les rassasier et de les satisfaire. L'élément de base des *pinda* est toujours le riz cuit dans lequel on mélange d'autres ingrédients : lait, beurre, miel, grains de sésame...[7] Le paradigme, ou le *shrâddha* type, est le *pârvana-shrâddha*, par lequel le descendant mâle — fils aîné, petit-fils et arrière-petit-fils —, fait régulièrement chaque mois une offrande de trois *pinda* à ses trois ancêtres immédiats : son père décédé, son grand-père et son arrière-grand-père. Lorsqu'il fait l'offrande des boulettes de nourriture, il doit honorer les *pitri* en mentionnant leurs noms et leur lignée ou leur clan (leur *gotra*), et prononcer l'exclamation rituelle dite *svadhâ*. Les *pârvana-shrâddha* sont des rites obligatoires (*nitya*) réglés sur les *parvan*, les «jonctions» du cycle lunaire. Ce qui vient d'être esquissé constitue la partie essentielle du rituel des *shrâddha* sur laquelle se greffent un nombre variable d'autres rites dont l'invitation de brahmanes dignes[8] qui consomment une partie de la nourriture présentée aux *pitri*. Les nombreux textes sources comportent bien des variantes dans le déroulement de la cérémonie, mais on y retrouve invariablement les éléments suivants.

Rappelons-nous que, à l'époque du sacrifice védique, l'aire sacrificielle comportait un autel qu'on recouvrait d'une jonchée d'herbe sacrificielle, l'herbe *kusha* ou *darbha*, qui formait un coussin sur lequel les dieux étaient invités à prendre

---

7. Pour la composition et la grosseur des *pinda*, voir P. V. Kane, *History of Dharmashâstra*, vol. 4 : 472-478 ; D. Shastri, *Origin and Development...* : 170-177.

8. Autrefois le choix des brahmanes invités constituait en soi une étape minutieuse. Beaucoup de textes, dont le *Mahâbhârata*, comportent des considérations sur l'examen judicieux des brahmanes respectables à inviter et des brahmanes à éviter. Voir P. V. Kane, *History of Dharmashâstra*, vol. 4 : 383-425 et D. Shastri, *Origin and Development...* : 185-230 pour une revue des textes normatifs concernant le choix des brahmanes : examen des brahmanes à inviter, leur nombre, procédure d'invitation, règles à observer pour les brahmanes invités et pour le sacrifiant, nourritures recommandées et prohibées, etc.

place pour consommer les offrandes de nourriture. Lors de la célébration d'un *pârvana-shrâddha*, ce sont les *pitri* qui sont honorés, et ils sont représentés par les brahmanes invités. Le sacrifiant fait asseoir les brahmanes judicieusement choisis sur des coussins d'herbe *kusha* ou *darbha* dont les pointes sont tournées vers le sud, puis il leur offre l'*arghya*, l'eau de l'hospitalité. Face au sud, qui est la direction des *pitri*, il offre l'oblation de nourriture dans le feu avec la récitation de *mantra* appropriés, puis il nourrit les brahmanes. Le repas terminé, il leur demande la permission de prendre les restes du repas. Il nettoie ensuite les vases et ustensiles qui ont servi aux offrandes, objets qui doivent être faits d'argent, prescrivent les textes. On trouve une explication de cette prescription, par exemple, dans le mythe de la traite de la vache-terre évoqué plus haut[9]; ce mythe raconte que la quatrième traite a été faite par les *pitri*, dans un vase d'argent, et que le lait en fut la *svadhâ*, mot qui désigne à la fois la nourriture offerte aux *pitri* dans les *shrâddha* et l'exclamation rituelle qui doit accompagner cette offrande. En célébrant ainsi les *pârvana-shrâddha*, le fils nourrit ses propres *pitri* par l'intermédiaire de brahmanes invités qui consomment la nourriture. Et c'est lorsqu'ils sont rassasiés et satisfaits que les *pitri* octroient en retour leurs faveurs à leurs descendants. Il est, bien sûr, de mise de faire aux brahmanes des dons (argent, parasol, vêtements, etc.) qui garantissent le bien-être des *pitri*.

Se fondant sur des recherches ethnographiques réalisées à Vârânasî, ville sainte de l'hindouisme intimement associée à la mort et au salut, ville aussi où la célébration des rites crématoires et postcrématoires réunit les conditions les plus favorables, Jonathan Parry a proposé une interprétation symbolique au fait de nourrir les brahmanes lors des *shrâddha*. Les brahmanes invités à la célébration des *shrâddha* comme substituts des *pitri* auraient, suggère-t-il, un rôle d'agents de transformation identifiés au feu sacrificiel de la crémation : en ingérant et en digérant la nourriture offerte, ils tiennent lieu du feu qui transmet les oblations aux dieux. Ils offrent au feu digestif de leur estomac la substance corporelle du

---

9. Voir chapitre II, section intitulée : « Structure sociale articulée autour du sacrifice ».

défunt pour brûler les résidus de péchés[10]. L'image du feu interne de l'estomac est en tout cas courante en Inde.

Les *shrâddha* pour un membre de la famille récemment décédé

À côté de ce *shrâddha* type qu'est le *pârvana-shrâddha* destiné aux trois ancêtres immédiats, il existe aussi des *shrâddha* destinés à un défunt individualisé, celui qui vient de mourir et qui n'a pas encore trouvé sa place parmi les *pitri* de sa lignée. Les *shrâddha* célébrés pour un membre de la famille récemment décédé sont appelés *ekoddishta-shrâddha*, c'est-à-dire *shrâddha* destinés à un seul défunt, un défunt qui est dans la condition de *preta*. Il s'agit d'une série de *shrâddha* qui s'adressent au *preta* individualisé ; ils commencent après les funérailles et s'échelonnent jusqu'au moment où le *preta* accède à la condition de *pitri*. Plusieurs sources relevées par Caland en 1888 mentionnent qu'ils sont de trois sortes. Il y a d'abord ceux que certaines sources appellent *nava-shrâddha* ou *shrâddha* pour un défunt « récent » et que d'autres sources appellent *pûrva-shrâddha* ou *shrâddha* « premiers » ou « initiaux » : ils sont célébrés pendant la période d'impureté rituelle qui suit le décès, c'est-à-dire pendant les dix premiers jours. En second lieu, il y a les *mishra-shrâddha* ou *shrâddha* « mixtes » appelés aussi *madhyama-shrâddha* ou *shrâddha* « intermédiaires » et qui sont au nombre de seize[11] : le premier est célébré généralement le onzième jour après le décès et il est suivi de quinze autres au cours de l'année qui suit le décès. Il y a finalement les *purâna-shrâddha* ou *shrâddha* pour les défunts « antiques », appelés aussi *uttara-shrâddha* ou *shrâddha* « ultérieurs » : ces

---

10. Jonathan Parry, « Death and Digestion : The Symbolism of Food and Eating in North Indian Mortuary Rites », *Man* 20 (1985) : 612-630.
11. On ne sait trop pourquoi ces *shrâddha* sont au nombre de seize. Le nombre seize est un nombre parmi d'autres qui jouent un rôle important dans la culture indienne. On le retrouve fréquemment, associé surtout à l'idée de la totalité. Par exemple, le *Shatapatha-Brâhmana* dit que Prajâpati consiste en seize parties (7, 2, 2, 17 ; 9, 2, 2, 2), qu'il est le tout, la totalité (4, 5, 7, 2), que l'univers consiste aussi en seize parties (13, 2, 2, 13).

rites sont célébrés après la première année du jour anniversaire de la mort[12].

Les dates de célébration des *ekoddishta-shrâddha* sont déterminées par le jour du décès. Celui qui doit accomplir ces rites, c'est le deuilleur principal, normalement le fils aîné. Les textes des *dharma-shâstra*, qui semblent bien avoir prévu toutes les modalités possibles pouvant répondre à tous les cas particuliers, ont défini un ordre de succession lorsqu'il n'y a pas de fils. Une épouse et une fille peuvent même célébrer ces *shrâddha* destinés à un seul défunt[13]. Le deuilleur principal offre au *preta* de l'eau et un *pinda* unique à chacun des dix jours qui suivent le décès. Le but de ces offrandes de nourriture est de permettre la reconstruction graduelle, partie par partie, d'un corps provisoire de la grosseur du pouce[14], un corps fait de *pinda* et qui se dissout à la fin de l'année. Chacun des dix *pinda* offerts permet l'apparition d'une partie de ce corps nouveau. La théorie concernant la reconstitution graduelle d'un nouveau corps pour le *preta* est exposée, en particulier, dans un très court texte, la *Pinda-Upanishad*[15]. Le *Garuda-Purâna* en fournit au moins trois autres modèles[16]. Ce corps fait de *pinda* est un corps temporaire, de même que l'état de *preta* est un état transitoire entre une existence terrestre qui a pris fin et une nouvelle existence à venir dans le monde des *pitri*. Cette étape s'achève au terme de l'année, mais le plus souvent au terme de douze jours substituts de l'année, le modèle type de l'année étant souvent, dans les faits, comprimé dans les douze jours qui suivent le décès[17].

---

12. Voir W. Caland, *Über Totenverehrung...*, 1888 : 32 ; P. V. Kane, *History of Dharmashâstra*, vol. 4 : 261-262 et 517-520 ; D. Shastri, *Origin and Development...* : 62-70.
13. Voir P. V. Kane, *History of Dharmashâstra*, vol. 3 : 700-769 (« Order of succession after the son »).
14. *Angushtamâtrah purushah*, disent les textes.
15. Pour une traduction en français de la *Pinda-Upanishad*, voir L. Kapani, *La notion de samskâra...* : 133. Pour une traduction en anglais (d'après la trad. en allemand), voir Paul Deussen, *Sixty Upanishads of the Veda*, trad. de l'allemand par V. M. Bedekar et G. B. Palsule, vol. 2, Delhi, Motilal Banarsidass, 1980 : 653-654.
16. *Garuda-Purâna* 2, 5, 31-37 ; 2, 15, 69-71 ; 2, 34, 48-51. C'est l'ordre d'apparition des parties du corps qui diffère.
17. Voir Hélène Brunner-Lachaux, *Somashambhupaddhati*, 3e partie : *Rituels occasionnels II, texte, traduction et notes*, Pondichéry, Institut français d'indologie, 1977 : 624.

Le *shrâddha* pour assurer le passage de l'état de trépassé à l'état d'ancêtre

Après le dernier *ekoddishta-shrâddha* a lieu la cérémonie du *sapindîkarana-shrâddha* qui marque la fin de la période transitoire de *preta*. C'est ce *shrâddha* qui libère enfin le *preta* des chaînes de son état intermédiaire angoissant, pour lui et pour ses descendants, et qui en fait pleinement un *pitri*, un ancêtre qui va prendre sa place parmi les autres *pitri* de la lignée. Le mot *sapindîkarana* signifie « création de *sapinda* », ce qui veut dire que le rite réalise l'intégration du défunt parmi ceux qui partagent avec lui un *pinda* commun, c'est-à-dire les autres *pitri* de la lignée, ou les *sapinda*[18]. Ce *shrâddha* de « création de *pinda* en commun » est un rite intermédiaire entre les *shrâddha* pour un seul défunt et les *shrâddha* pour les trois ascendants immédiats de sa lignée, et il combine des éléments des deux types de *shrâddha*. Louis Dumont a ainsi résumé l'essentiel du rite.

> Une boulette est offerte au mort par son fils comme dans le rituel funéraire, trois boulettes sont offertes respectivement aux trois ascendants paternels immédiats du mort, comme il faisait de son vivant, et l'acte décisif et caractéristique consiste à diviser en trois la boulette du mort et à amalgamer chaque tiers avec une des boulettes ancestrales. Le mort devient ainsi ancêtre, l'ancêtre le plus proche, tandis que son arrière-grand-père tombe dans la catégorie de ceux qu'on ne nomme plus et qui n'ont part qu'aux restes : la mort d'un homme a fait descendre d'une génération tout le dispositif formé par l'officiant et ses trois ancêtres paternels[19].

Au terme de ce rite, le *preta* est devenu un *pitri*. Il va prendre sa place dans la lignée des trois ancêtres qui seront honorés par les *pârvana-shrâddha*. Le *pitri* le plus éloigné,

---

18. Dans le droit hindou, le droit à l'héritage est lié à la notion de *sapinda*. Cela donne parfois lieu à des débats juridiques. Voir Ludo Rocher, « Inheritance and *Shrâddha* : The Principle of "Spiritual Benefit" », dans A.W. Van den Hoek, D.H.A. Kolff et M.S. Oort (ed.), *Ritual, State and History in South Asia. Essays in Honour of J.C. Heesterman*, Leiden, Brill, 1992 : 637-649.
19. Louis Dumont, « La dette vis-à-vis des ancêtres et la catégorie de *sapinda* », *Purushârtha* 4 (1980) : 19-20.

celui qui était jusque-là l'arrière-grand-père du nouveau *preta*, perd alors son individualité et sa part de *pinda* dans les *shrâddha*. Il quitte le groupe des *sapinda* qui sont reliés par l'offrande de *pinda* et il disparaît dans la masse innombrable des *pitri* devenus anonymes, ceux qui n'ont désormais plus droit qu'au *lepa*, qu'aux restes des offrandes qui adhèrent aux doigts du célébrant. Certains textes ajoutent même que les trois générations ascendantes au-delà des trois *pitri* immédiats sont reliées par le *lepa* commun. En tenant compte du fils vivant qui célèbre les *shrâddha*, la chaîne s'établit ainsi à sept générations. Le *preta* devenu *pitri* accède au monde des *pitri*. Comme il vient d'être précisé à propos des *ekoddishta-shrâddha*, pour toutes sortes de raisons d'ordre pratique, la période des *shrâddha* pour un seul défunt, prévue pour douze mois, est généralement comprimée en douze jours, et le *sapindîkarana-shrâddha* est célébré le douzième jour après le décès plutôt qu'à la fin de l'année[20]. Pour la célébration de tous les *shrâddha*, le rôle du fils est d'une importance telle que, depuis toujours, l'adoption a été privilégiée dans les cas où il n'y avait pas de fils. Le fils (biologique ou adoptif) a reçu les *samskâra* fondamentaux de l'initiation et du mariage qui ont fait de lui un maître de maison habilité à célébrer les rites des *shrâddha*.

Selon Catherine Weinberger-Thomas[21], lorsque l'épouse se fait *satî* et s'immole sur le bûcher de son époux, le rite du *sapindîkarana-shrâddha* vaut pour le couple, quoiqu'il y ait trois écoles de *dharma* qui divergent sur cette question. Elle signale que, contrairement aux autres défuntes qui deviennent des ancêtres-mères, les *satî* ne sont pas honorées par les offrandes de *pinda* dans les rites des *shrâddha*, elles qui ont pourtant droit à des cultes populaires avec images et sanctuaires. Elle rapproche cette singularité de celle qui entoure l'inhumation du *samnyâsin*, le renonçant. Il a été mentionné déjà que le renonçant n'est pas soumis au feu

---

20. Pour une étude plus détaillée, voir David M. Knipe, « *Sapindikarana* : The Hindu Rite of Entry into Heaven », dans Frank E. Reynolds et Earle H. Waugh (dir.), *Religious Encounters with Death*, University Park, Pennsylvania State University Press, 1977 : 111-124. Aussi P. V. Kane, *History of Dharmashâstra*, vol. 4 : 520-525 ; D. Shastri, *Origin and Development...* : 94-98.
21. C. Weinberger-Thomas, *Cendres d'immortalité...* : 1996 : 83-89.

crématoire, mais enterré, parce qu'on considère qu'il est déjà brûlé ou cuit par le *tapas*, l'ardeur ascétique qui l'habite. Les vivants ne lui font pas non plus d'offrandes de *pinda*[22]. C. Weinberger-Thomas émet l'hypothèse que si la *satî* ne reçoit pas de *pinda*, ce serait sans doute parce que, en se brûlant de son vivant, elle s'est déjà purifiée.

La prolifération des types de *shrâddha*

La forme la plus ancienne du *shrâddha* a été le sacrifice de boulettes aux *pitri*, le *pinda-pitri-yajña*, rituel *shrauta* ou solennel qui nécessitait la présence des trois feux sacrificiels, et au cours duquel on offrait aux *pitri*, dans le feu, des boulettes de riz imbibées de beurre. Ce sacrifice avait lieu l'après-midi du jour où se tenait le sacrifice de nouvelle lune. En 1870, l'Allemand Otto Donner a publié sur ce sacrifice une étude dont la plus grande part consiste en une compilation des descriptions techniques recueillies dans les textes sources sanskrits, avec leurs variantes, selon les diverses sources[23]. Son travail a servi d'amorce aux études de Caland qui, dans son premier ouvrage de 1888, n'a pas cru bon reprendre l'étude de cette forme la plus ancienne du *shrâddha*, mais a renvoyé le lecteur au travail de Donner[24].

La classification des *shrâddha* entre *shrâddha* destinés à un défunt individualisé, le *preta*, et *shrâddha* destinés aux *pitri*, figure dans tous les textes sources, mais ce n'est pas la seule classification qu'on y trouve, car elle n'englobe pas tous les types de *shrâddha*. Il existe aussi une classification tripartite plus générale calquée sur la distinction courante des rites en général, selon la circonstance et la fréquence de célébration[25]. Ainsi parle-t-on de *nitya-shrâddha* ou *shrâddha* obligatoires, de *naimittika-shrâddha* ou *shrâddha* célébrés pour des occasions spéciales ou à des intentions particuliè-

---

22. Voir chapitre III : « La crémation comme sacrifice ».
23. Otto Donner, *Pindapitriyajña, das Manenopfer mit Klössen bei den Indern. Abhandlung aus dem vedischen Ritual*, Berlin, 1870.
24. Pour un résumé de l'essentiel de ce rituel, voir P. V. Kane, *History of Dharmashâstra*, vol. 4 : 426-430 ; D. Shastri, *Origin and Development...* : 99-103. Voir aussi la description de *Shatapatha-Brâhmana* 2, 4, 2, 1-24.
25. Il en a été question au chapitre I : « Les rites domestiques et les rites solennels ».

res, et de *kâmya-shrâddha* ou *shrâddha* facultatifs célébrés à certains jours du cycle lunaire pour la réalisation d'un désir. Il y a, par exemple, des *shrâddha* d'accroissement de la prospérité ou de la famille (*vriddhi-shrâddha*) qu'on peut célébrer à l'occasion d'un événement heureux et qui comprennent l'hommage aux *mâtri*, les « mères-ancêtres »; il y a des *shrâddha* pour s'assurer la santé et la prospérité (*pushti-shrâddha*), des *shrâddha* que l'on peut célébrer avant d'entreprendre un voyage ou un pèlerinage, des *shrâddha* de purification, etc. Tous ces *shrâddha* bénéfiques sont célébrés dans le but d'en obtenir un surcroît de fruits.

Après avoir comparé les textes, Caland a dressé, en 1888, une classification de douze *shrâddha* rangés sous trois rubriques : *shrâddha* pour ses parents défunts, *shrâddha* pour un défunt en particulier, *shrâddha* pour des occasions spéciales[26]. Tout imposante qu'elle soit, cette énumération ne retient néanmoins pas tous les types de *shrâddha* qui ont été répertoriés. La prolifération des types de *shrâddha* est un indice certain de l'énorme importance que ces rites aux ancêtres ont prise dans la religion hindoue. En nourrissant le *preta*, on assure son bien-être et on évite sa disgrâce. En rassasiant les *pitri*, on assure aussi leur bien-être et on se gagne leurs faveurs sans nombre. Comme tous les autres rites, les *shrâddha* portent leurs fruits, et avec abondance.

Il faut encore ajouter que le rituel ancien du maître de maison deux-fois-né, le *grihastha*, comprenait un groupe de cinq grands sacrifices, les *mahâyajña*, parmi lesquels figuraient un sacrifice aux dieux ainsi qu'un sacrifice aux *pitri*[27].

---

26. Si l'on excepte le regroupement sous trois rubriques, sa classification est à peu de chose près celle qui se trouve dans deux versets sanskrits de Vishvâmitra cités dans plusieurs ouvrages. Voir P. V. Kane, *History of Dharmashâstra*, vol. 4 : 369-375 ; 380-383 ; 525-534 ; D. Shastri, *Origin and Development...* : 130-132 ; 236-241.

27. Quatre de ces cinq grands sacrifices, ou *mahâyajña*, comportaient des offrandes d'eau ou de nourriture : le sacrifice aux êtres (*bhûtayajña*), le sacrifice aux hommes (*manushyayajña*), le sacrifice aux dieux (*devayajña*), et le sacrifice aux *pitri* (*pitriyajña*). Le cinquième était le sacrifice au Veda (*brahmayajña*) qui consistait en la récitation personnelle d'une petite portion du texte védique. Voir *Shatapatha-Brâhmana* 11, 5, 6, 1-3. Pour une description, voir Gopal, *India of Vedic Kalpasûtras* : 387-395. Et pour une discussion, voir M. Biardeau, dans M. Biardeau, et Ch. Malamoud, *Le sacrifice dans l'Inde ancienne* : 40-48.

Ces rites obligatoires étaient appelés *yajña*, ou sacrifices, mais ils différaient des rites solennels ou *shrauta*. Ils n'étaient pas accomplis pour réaliser un désir, mais ils constituaient plutôt un devoir quotidien, une obligation, pour le maître de maison qui les célébrait sans l'aide d'un brahmane spécialisé. Contrairement aux *ekoddishta-srâddha* fixés selon la date du décès, et aux *pârvana-shrâddha* fixés selon les périodes du cycle lunaire, le sacrifice aux *pitri*, ou *pitriyajña*, était offert chaque jour aux trois ancêtres immédiats, paternels et maternels. C'était, pour le maître de maison, un devoir permanent[28].

Le respect dû aux *pitri*, l'hommage et le culte auquel ils ont droit, tout cela leur confère un statut de divinités bienveillantes et protectrices. Le culte des *pitri* a occupé, dans la vie des hindous, une place telle qu'il a même, selon certains textes du début de notre ère, pris le pas sur le culte des dieux. Certains passages des textes épiques enseignaient en effet que le culte des *pitri* devait précéder le culte des divinités, qu'il le surpassait en importance et que la satisfaction des *pitri* devait avoir préséance sur la satisfaction des dieux[29]. Ils ajoutaient même qu'avant d'accomplir tout autre rite, qu'avant de rendre hommage aux divinités, il fallait prendre soin d'honorer d'abord les *pitri* par des *shrâddha*[30].

La nécessité d'engendrer un fils pour assurer la célébration des *shrâddha*

La tradition indienne enseigne que l'homme est un débiteur-né. Il naît affligé d'une triple dette congénitale dont il doit s'acquitter : dette envers les dieux, dette envers les *pitri* et dette envers ses semblables[31]. Les rites qu'il doit accomplir au cours de son existence et le *dharma* auquel il doit confor-

---

28. Voir Jaya Chemburkar, « *Pitriyajña* : A Study », dans Sindhu S. Dange (ed.), *Sacrifice in India. Concept and Evolution*, Aligarh, Viveka Publications, 1987 : 99-106. Aussi *Shatapatha-Brâhmana* 2, 6, 1, 1-48.
29. Voir, par exemple, *Mahâbhârata* 12, 326, 55 (édition critique) et *Harivamsha* 13, 69 qui utilisent une formulation identique.
30. Voir *Mahâbhârata* 13, 87, 5 et *Harivamsha* 12, 35.
31. *Shatapatha-Brâhmana* 1, 7, 2, 1-6 en fait même une dette quadruple, en y ajoutant une dette envers les *rishi* ou les sages (traduit par J. Varenne, dans *Mythes et légendes*... : 86).

mer sa conduite lui offriront les moyens de se défaire de ces dettes. Sa dette envers ses semblables, il la règle en pratiquant l'aumône et les rites d'hospitalité. Pour s'acquitter de sa dette envers les dieux et envers les *pitri*, il lui faut d'abord être maître de maison, ce qui veut dire avoir pris une épouse. À titre de maître de maison, de *grihastha*, il doit sacrifier aux divinités dans le feu sacrificiel domestique. Il doit aussi célébrer les rites des *shrâddha* pour satisfaire les *pitri*.

Mais pour s'acquitter de sa dette envers les *pitri*, il doit de plus procréer, leur assurer une descendance mâle garante de la continuité de la lignée et de la continuité rituelle. Il lui faut engendrer au moins un fils qui le libère de sa dette congénitale envers les *pitri*. D'où l'importance du fils aîné et la pratique de rites domestiques, en particulier le *samskâra* prénatal appelé *pumsavana*, pour l'obtention d'un enfant mâle[32]. Le *dharma* ou le devoir du fils, c'est d'acquitter la dette que ses parents, en naissant, ont contractée envers les *pitri*[33]. Ce qui implique inévitablement que lui-même, du seul fait de naître, est devenu débiteur des *pitri* et qu'il devra, à son tour, engendrer un fils qui le libérera de sa dette. Et ainsi de suite.

En contexte rituel, le mot « fils » se dit *putra* dans la langue sanskrite. Les textes se plaisent à jouer sur une étymologie populaire traditionnelle du mot *putra* qu'ils font dériver du nom d'un enfer appelé Put. Parce qu'il libère son père ou ses parents de l'enfer nommé Put, répètent ces textes, on dit que le fils est un *putra*[34]. Il semble qu'on puisse en conclure que l'enfer Put est l'enfer auquel seraient condamnés ceux qui sont morts sans descendance. Le fils qui sauve son père est un bon fils, un *satputra*, et les textes ne manquent jamais de faire l'éloge du bon fils, celui qui libère son père et qui célèbre les *shrâddha* pour son père et pour ses ancêtres. Rappelons que

---

32. Si la raison première à la nécessité de la naissance d'un fils est liée au culte des *pitri*, les motivations psychologiques et économiques n'en demeurent pas moins impérieuses. Voir Hélène Stork, « La naissance d'un fils dans la tradition religieuse de l'Inde », *Journal de psychologie normale et pathologique* 2-3 (1980) : 151-186.
33. À titre d'exemple de cette prescription, voir *Harivamsha* 69, 24.
34. Voir *Lois de Manu* 9, 138 ; *Mahâbhârata* 1, 68, 38 ; 1, 220, 14 ; *Harivamsha* 66, 20 ; *Garuda-Purâna* 2, 21, 32.

le mot *sati* qui désigne l'épouse fidèle est le féminin de *sat*. Prithu, le bon roi qui a fait la traite de la vache-terre pour sauver son peuple de la famine, fut aussi un *satputra*, un bon fils qui, en venant au monde, a libéré son père de l'enfer Put[35]. Surtout que son père Vena s'était complu dans l'*adharma*, le désordre, et était même allé jusqu'à détourner le sacrifice de ses fins en se l'arrogeant de façon indigne[36].

Dans son étude sur la « théologie de la dette » dans l'idéologie brahmanique[37], Malamoud a bien montré que la naissance du fils libère le père, car celui-ci rejette sur son fils sa dette congénitale. Le fils naît déjà porteur de la dette de son père, et il ne deviendra pleinement lui-même que lorsqu'il sera à son tour maître de maison et père d'un fils. Le moyen de payer sa dette envers les *pitri* est de devenir père d'un fils. On dit que le père est un *putrin*, un « possesseur de fils ». Il a au moins un *putra*, un fils. Le fils aîné est donc engendré pour répondre à une exigence du *dharma*. Le *putrin*, l'homme qui a engendré un *putra*, un fils, est assuré de recevoir les *shrâddha* qui feront de lui un *pitri*, un véritable père dans le sens le plus complet du terme. Ce sont les *samskâra* ou rites de perfectionnement de l'initiation et du mariage qui confèrent au fils la qualification nécessaire pour accomplir les rites des *shrâddha*. C'est aussi le fils aîné qui reçoit en héritage les biens de son père. En naissant, il hérite à la fois des dettes et des biens de son père.

On ne saurait, à ce stade, passer sous silence l'existence d'un mythe, par ailleurs très peu connu et, semble-t-il, jamais évoqué par ceux qui se sont penchés sur les questions relatives aux *shrâddha*. Ce mythe met en scène les dieux créés par Brahmâ — autre nom pour Prajâpati — et leurs propres fils[38]. Un jour, les dieux furent pris du désir de s'approprier les fruits du sacrifice et ils abandonnèrent Brahmâ, leur créateur. En agissant ainsi, ils venaient d'encourir la malédiction de Brahmâ : ils furent privés de conscience. Victimes de leur

---

35. Selon *Harivamsha* 5, 24.
36. *Harivamsha* 5, 4-8.
37. Charles Malamoud, « La théologie de la dette dans le brahmanisme », dans *Cuire le monde...* : 115-136.
38. Ce mythe est relaté dans *Harivamsha* 12, 21-40, à l'intérieur d'une section nettement identifiable formée par les chapitres 11-19 du *Harivamsha*, fragment qui forme un *pitrikalpa* et que j'ai étudié en détail.

égarement, ils se sentirent vite contraints de retourner auprès de Brahmâ et d'implorer sa grâce. Mais celui-ci les enjoignit d'interroger leurs propres fils afin d'obtenir d'eux la connaissance. Bienveillants, les fils voulurent bien apprendre à leurs pères la teneur et la portée des rites d'expiation nécessaires pour réparer une transgression. Puis ils prirent congé de leurs pères en leur disant : « Allez, fils ! » Troublés d'être ainsi appelés fils par leurs propres fils, les dieux-pères coururent s'enquérir auprès du créateur de la signification de cette parole. Brahmâ leur parla alors comme font les sages. Il leur rappela qu'ils étaient considérés comme des pères parce qu'ils avaient façonné les corps de leurs fils. Il s'empressa néanmoins d'ajouter que leurs fils, en leur communiquant la connaissance, étaient devenus pour eux de véritables pères. Parce qu'ils avaient instruit leurs pères, les fils étaient devenus des pères pour leurs propres pères. Il ajouta encore qu'ils étaient des *pitri* les uns pour les autres. Revenus auprès de leurs fils, les dieux-pères reconnurent qu'ils étaient en effet, les uns et les autres, des pères et des fils les uns pour les autres. En véritables pères, ils enseignèrent à leurs fils la façon de célébrer les *shrâddha* pour les *pitri*, en faisant ressortir les fruits innombrables de ces rites qu'accomplissent les fils pour leurs pères.

Ce mythe des dieux déchus et sauvés par leurs fils établit à la fois une inversion et une réciprocité des rôles de père et de fils. En éveillant leurs pères à la connaissance, les fils ont joué le rôle d'un père ou d'un *guru*, un maître spirituel, qui transmet la connaissance et qui guide. C'est pourquoi ils se sont adressés à leurs pères en les appelant « fils ». Les fils ont ainsi « engendré » leurs pères à leur tour, ils les ont fait naître à la connaissance, tout comme le *guru* « engendre » son disciple, tout comme le fils qui, en célébrant les rites des *shrâddha*, fait naître son père à la condition de *pitri*, fait de lui un père dans le sens entier du terme. Rappelons-nous aussi ces récits de création du monde où Prajâpati se retrouve disloqué par l'éparpillement de ses membres à la suite de son acte créateur. Ce sont alors ses fils, les dieux, Agni en tête, qui se chargent de réunifier son corps, de le recréer[39]. Agni est le premier-né des dieux, et les hymnes du

---

39. Voir chapitre I : « Le sacrifice initial et sa commémoration ».

Rig-Veda ainsi que les *brâhmana* disent qu'il est celui qui va devant. Le *Shatapatha-Brâhmana* ajoute que Prajâpati le père est aussi le fils parce qu'il a été restauré par Agni, que le fils devient le père de son père[40].

Le père et le fils sont, tour à tour, père et fils l'un de l'autre, les rôles s'interchangeant et se complétant. Père et fils sont étroitement dépendants l'un de l'autre. Ils s'engendrent et s'assistent mutuellement. Ils sont responsables l'un et l'autre de leur devenir réciproque. Le circuit d'échanges se poursuit entre vivants et morts de la même lignée. Par les *shrâddha*, le fils délivre son père de la condition de *preta* et lui permet d'atteindre son but, d'accéder à la condition de *pitri*. Il sauve son père. Devenu *pitri*, le père lui accorde en retour des fils et tout ce qu'il désire. En assurant le bien-être de son père, le fils assure par le fait même son propre bien-être. Tout repose en définitive sur la nécessité pour le père d'engendrer un fils et sur la vigilance du fils à célébrer les *shrâddha* pour son père.

L'état intermédiaire de trépassé

Depuis les travaux de Caland à la fin du XIXe siècle, nous connaissons un bon nombre de *shrâddha-kalpa*, nom qui désigne la catégorie spécialisée de textes que sont les manuels pratiques des «rituels concernant les *shrâddha*». Il est aisé de constater que les traités de *dharma* appelés *dharma-shâstra* ainsi que les *shrâddha-kalpa* forment une masse imposante de textes. S'ils ont été aussi nombreux et aussi importants dans la culture indienne, c'est que toute la tradition, jusque dans ses origines les plus lointaines, était centrée sur le sacrifice et sur les valeurs rituelles. Les *shrâddha-kalpa* sont des textes descriptifs et normatifs, parfois extrêmement techniques, orientés sur la célébration du culte dû au *preta* et aux *pitri* ainsi qu'aux fruits qui en découlent. Ils mettent l'accent sur les valeurs rituelles, la bonne manière d'agir, le savoir-faire rituel. Rappelons encore une fois que l'activité rituelle ou l'action est désignée par le mot *karman*, et que dans le système de valeurs du sacrifice védique, l'action bonne était celle qui était bien faite, c'est-à-dire

---

40. *Shatapatha-Brâhmana* 6, 1, 2, 26.

qui était en parfaite conformité avec les prescriptions. L'action bien faite est exprimée par le mot *sukrita*. Les deux mots, *karman* et *sukrita*, sont tous deux dérivés du verbe *kri*, « faire, agir »[41]. Ajoutons qu'en ce qui a trait à l'efficacité des rites des *shrâddha*, tout s'enracine aussi autour de l'action bien faite ou *sukrita*, c'est-à-dire autour des rites accomplis selon les prescriptions, et des mérites revenant au fils ou à celui qui a correctement accompli les rites, le *sukritin*, celui qui possède le savoir-faire rituel.

Mais il existe aussi un *preta-kalpa*, un manuel du « rituel pour les trépassés », texte centré sur l'état intermédiaire de *preta* et sur la condition de *preta*. Ce *Pretakalpa* est, en fait, une très longue section d'un *purâna*, un « récit antique » qui porte le titre de *Garuda-Purâna*. C'est d'ailleurs surtout pour la section dite *Pretakalpa* que le *Garuda-Purâna* est connu. C'est l'Allemand Emil Abegg qui a révélé ce large fragment du *Garuda-Purâna* dans un ouvrage de 1921 dans lequel il a fait un résumé du contenu de la partie principale du fragment, puis a donné une traduction en allemand du texte[42]. On trouve dans le *Pretakalpa* un foisonnement de détails, de descriptions et de recommandations que ce texte purânique partage avec plusieurs autres *purâna*, avec des variantes, bien sûr : rituel des différents *shrâddha*, cas particuliers de mort accidentelle ou prématurée, de morts d'enfants, les mérites rattachés aux dons faits aux brahmanes, les avantages du *shrâddha* pour les vivants, la description de la vie après la mort, ainsi qu'une apologie du lâcher du taureau[43], rite d'accomplissement aussi méritoire, dit-on, que l'*ashvamedha*, le sacrifice de cheval, et qui est le meilleur moyen d'éviter la peur de Yama, le dieu qui règne sur les enfers[44].

Le *Pretakalpa* se distingue par une description et une analyse poussées de la condition de *preta*. Il faut dire que l'imagination

---

41. Voir chapitre III, début de « La crémation comme rite de perfectionnement ».
42. Emil Abegg, *Der Pretakalpa des Garuda-Purâna. Eine Darstellung des hinduistischen Totenkultes und Jenseitsglaubens*, traduction du sanskrit et commentaire, Berlin, Walter de Gruyter and Co., 1921 (réédité en 1956).
43. Le *vrishotsarga*.
44. Il existe une traduction anglaise de ce *Pretakalpa* dans la traduction du *Garuda-Purâna* éditée par J. L. Shastri, dans la collection « Ancient Indian Tradition and Mythology », vol. 13 : 717-828 et vol. 14 : 829-952.

qui l'a suscité n'était pas peu fertile. Le texte démontre de façon on ne peut plus éloquente que tant que les rites des *shrâddha* n'ont pas été accomplis, le défunt est confiné dans l'état de *preta*. Si sa faim et sa soif ne sont pas régulièrement apaisées par les offrandes d'eau et de *pinda*, le défunt demeure à l'état d'esprit errant contraint de tourmenter sa famille vivante. Mais sa condition n'est pas définitive. Rien n'est jamais définitif dans cette manière de penser, pas même le ciel ou les enfers qui sont des étapes transitoires. De la même façon que le *pinda* est une nourriture de transition, la condition de *preta* est aussi une transition entre une existence terrestre arrivée à son terme et une existence à venir dans le monde des *pitri*.

Selon l'enseignement brahmanique répété dans le *Pretakalpa*, l'état de *preta* est marqué d'abord par l'acquisition d'un corps aérien ou éthéré, puis par la reconstruction graduelle, partie par partie, d'un corps provisoire de la taille du pouce, un corps fait des *pinda*, chacune des offrandes de nourriture permettant l'apparition d'une partie du corps. Ce corps miniature se dissout à la fin de l'année ou de la période des douze jours substituts de l'année lorsque, par le *sapindikarana-shrâddha*, le trépassé est intégré au groupe de ses *pitri*. Le *Pretakalpa* fournit au moins trois descriptions légèrement différentes l'une de l'autre de l'ordre d'apparition des parties du nouveau corps selon l'ordre des offrandes des *pinda*. La *Pinda-Upanishad* en donne un autre modèle[45]. Tout manquement ou toute négligence de la part du fils ou des vivants dans la célébration des *shrâddha* se traduit par une interruption dans la formation du corps du *preta* et dans sa progression vers l'état de *pitri*. Il n'a d'autre choix que de manifester sa souffrance et son impatience en harcelant ses descendants. Le terme *preta* prend donc deux acceptions : il désigne en premier lieu le trépassé pour qui les *shrâddha* doivent être accomplis et, en second lieu, le « revenant » pour qui les *shrâddha* n'ont pas été ou ont été mal célébrés ou qui avait lui-même négligé les rites de son vivant.

Le *Pretakalpa* glisse dans le fantastique lorsqu'il élabore un autre scénario, celui d'un périlleux voyage qui conduit le

---

45. Il en a été question dans ce chapitre, dans la section « Les *shrâddha* pour un membre de la famille récemment décédé ».

preta, étape par étape, dans le royaume fantasmagorique des morts où l'attend le dieu Yama. Capturé par les serviteurs de Yama, le *preta* est forcé de parcourir un long itinéraire parsemé d'embûches terribles, d'épreuves atroces où se mêlent souffrances et lamentations. Le voyage comporte des haltes dans seize cités, ce qui pourrait correspondre aux seize *ekoddishta-shrâddha* qui doivent être offerts au *preta*. À chacune des haltes, le *preta* se restaure des offrandes d'eau et de *pinda*, puis il poursuit sa route. Les coups et les tortures qu'il doit subir peuvent toutefois être allégés, voire même supprimés par les dons que font les vivants. On peut se demander si la peinture terrifiante de cet itinéraire n'était pas l'œuvre de brahmanes intéressés à servir d'intermédiaires et à bénéficier des dons faits par les vivants pour venir au secours de leurs défunts.

Après le dernier *ekoddishta-shrâddha*, le *preta* parvient à la cité de Yama où il finira de consommer le fruit de ses mauvaises actions. Aux abords du domaine de Yama, le *preta* doit encore traverser la fabuleuse rivière Vaitaranî, remplie de sang, de vers et de chair putride, infestée de crocodiles et de créatures aquatiques féroces[46]. Le *Pretakalpa* fait l'énumération d'une série de péchés qui entraînent un séjour plus ou moins long dans la Vaitaranî. Bien que les pécheurs tentent désespérément de nager, ils ne font que s'enfoncer. Cependant la traversée de la rivière Vaitaranî peut être rendue facile si le défunt a pris soin, avant de mourir, de faire don à un brahmane d'une vache appelée aussi Vaitaranî[47]. Le texte inclut même les directives quant au choix de la vache, sa préparation rituelle et les dons supplémentaires à faire aux brahmanes : parasol, sandales, vêtements, vases, etc. La Vaitaranî, c'est donc la rivière que l'on arrive à franchir grâce à un don. C'est aussi la vache qui sert de don pour réaliser la traversée vers l'au-delà. On dit que le *preta*

---

46. *Garuda-Purâna* 2, 47, 1-40.
47. *Garuda-Purâna* 2, 4, 5-14 énumère les dons à faire à l'approche de la mort, dons qui incluent la vache Vaitaranî qui facilitera la traversée de la terrible rivière Vaitaranî.

s'accroche à la queue de la vache pour franchir la rivière[48]. En définitive, c'est le don qui permet de faire la traversée.

La Vaitaranî coule vers le sud, car le monde de Yama ou le royaume des morts est situé au sud, sous la terre. Le *Pretakalpa* donne la description de sept enfers puis en énumère une longue série d'autres, chacun étant destiné à recevoir sa catégorie de pécheurs. Yama est le maître et le juge de l'empire des morts, un juge redoutable pour les pécheurs mais bon pour les justes. Près de l'entrée de son palais se trouve la demeure de son secrétaire-archiviste Citragupta dont le rôle est de consigner dans ses registres toutes les actions des humains, et qui a la faculté, en matière de mérite ou de démérite, de ne jamais se tromper. Cette peinture terrifiante et haute en couleurs du voyage du *preta* dans l'au-delà que fait le *Pretakalpa* visait, selon toute vraisemblance, à persuader de l'impérieuse nécessité d'offrir au *preta* les *shrâddha* qui puissent lui permettre de sortir de sa condition précaire et d'accéder à la condition de *pitri*. Les enquêtes menées par Parry et par Justice ont révélé que le *Garuda-Purâna*, en particulier la section du *Pretakalpa*, est considéré à Vârânasî (Bénarès) comme une autorité et que c'est le texte qui est le plus souvent utilisé pour être lu ou récité devant les agonisants[49].

Le statut des *pitri* et leur rôle

Grâce à la traduction d'Abegg, l'existence du *Pretakalpa* du *Garuda-Purâna* est désormais connue. Mais ce que l'on sait moins — ou qu'on ignore même —, c'est que la littérature indienne nous a aussi donné un *pitri-kalpa*. Ce *Pitrikalpa* est un texte du IIe ou du IIIe siècle de notre ère. Il s'agit de la section formée par les chapitres 11-19 du *Harivamsha*, lui-même considéré par la tradition comme un supplément ou un complément à la grande épopée indienne du *Mahâ-*

---

48. Voir chapitre III : « La bonne mort et la malemort ». Voir aussi M. S. Stevenson, *Les rites des deux-fois-nés* : 148, 165, 190 ; G. Moréchand, « Contribution à l'étude des rites funéraires indiens » : 59-63 et 65-69 ; J. Parry, *Death in Banaras* : 173 ; Ch. Justice, *Dying the Good Death...* : 39, 50, 84, 145, 164-166.
49. Voir J. Parry, *Death in Banaras* : notamment 155 et 182 ; Ch. Justice, *Dying the Good Death...* : notamment 142 ; 154-155 ; 163-168.

bhârata[50]. C'est un fragment qui s'attache au culte des *pitri* en attirant toute l'attention, non pas sur le rituel des *shrâddha*, mais sur les *pitri* eux-mêmes et sur leur rôle. À cet égard, la doctrine qui s'y cache est extrêmement plus riche et plus novatrice que celle du *Pretakalpa*. C'est pour cette raison que la traduction du terme *kalpa* par « manuel du rituel » ne convient pas dans le cas précis du *Pitrikalpa*. Il serait plus à propos de traduire le titre par : « la bonne manière de considérer les *pitri* », ou encore « au sujet des *pitri* ». Car c'est bien de savoir au sens de connaissance que nous entretient le *Pitrikalpa* et non pas de savoir-faire rituel ou de maîtrise d'une technique.

Et c'est précisément en raison de sa doctrine renouvelée et de son originalité que le *Pitrikalpa* s'avère être un texte important qui témoigne de transformations profondes qui ont marqué l'édification de l'hindouisme, depuis la pensée védique ancienne, en passant par le brahmanisme. Les ouvrages de Caland, de Kane et de Shastri nous ont donné, à partir des textes sources, des descriptions détaillées des rituels des *shrâddha*, mais leur intérêt réside dans les aspects techniques et normatifs[51]. L'analyse des fonctions des *shrâddha* et du rôle des *pitri* demeure une facette négligée, et cela est dû pour une bonne part au fait qu'une telle analyse nécessite bien autre chose que la compilation et la comparaison des textes sources sanskrits. Il n'existe, semble-t-il, qu'une seule étude, bien que timide et sommaire, sur les *pitri*. C'est celle que Sureshcandra a publiée en 1940 et dans laquelle il se limite à faire l'inventaire et à regrouper, de façon pertinente, les données recueillies dans les divers *purâna* et dans le *Harivamsha*[52].

C'est donc le *Pitrikalpa*, un texte sanskrit, qui apparaît, dans l'état actuel des connaissances, la source la plus éclairante et

---

50. Le *Pitrikalpa* est formé par les chapitres 11-19 du *Harivamsha*, de l'édition critique de Poona (1969 et 1971). Dans cette édition critique, le *Harivamsha* occupe deux volumes supplémentaires aux 22 volumes du *Mahâbhârata* (édition critique, 1933-1966).
51. Pour un aperçu des conceptions concernant les *preta* et les *pitri*, voir Kane, *History of Dharmashâstra*, vol. 4 : 340-348 ; D. Shastri, *Origin and Development...* : 287-314.
52. Babu Sureshcandra, *Le culte des Pitri d'après les Purâna*, Paris, Adrien-Maisonneuve, 1940.

la plus novatrice sur le statut et le rôle des *pitri*[53]. Le texte fait état de deux façons d'envisager les *pitri*. Il y a d'abord les *pitri* rattachés à une lignée humaine, ceux qui sont bien identifiés par leur nom et leur lignée, c'est-à-dire les trois générations d'ancêtres immédiats qui ont droit à l'offrande de *pinda*, et même les trois générations au-delà qui ont droit, comme il a déjà été mentionné, au *lepa*, aux restes de nourriture qui collent aux doigts du célébrant des *shrâddha*. Le texte est cependant peu bavard sur les *pitri* devenus anonymes, ceux qui sont au-delà des six générations. En plus de ces *pitri* d'origine humaine, le *Pitrikalpa* fait connaître les *pitri* divins ou originels qui sont considérés à l'égal des divinités et qui sont honorés par les dieux, les humains et les diverses catégories d'êtres. Il distingue sept classes de *pitri* qui ont chacune leur nom et leurs caractéristiques spécifiques. Les trois premières classes n'ont pas de forme corporelle et resplendissent comme des êtres divins : ces *pitri* irradient comme des soleils, ils sont brillants « comme des feux déposés dans des feux[54] ». Les quatre autres classes de *pitri* ont une forme corporelle et sont issus d'Agni, le feu crématoire qui n'a consumé leur corps qu'en apparence et qui l'a porté comme une offrande vers les dieux.

Fait significatif, alors que toute la tradition fait constamment valoir le rôle du fils, l'énumération des sept classes de *pitri* fait plutôt apparaître le rôle des filles. À chacune des classes de *pitri*, le *Pitrikalpa* attribue une fille psychique, engendrée par la pensée, et chacune est identifiée par son nom propre. Ce sont les filles psychiques des *pitri* qui assurent la continuation de la lignée. Aucune mention de fils. Les trois filles psychiques des trois classes supérieures de *pitri* divins ou originels ont eu, par leur descendance, une grande célébrité que l'on connaît par les récits principaux de la grande épopée du *Mahâbhârata*. C'est aussi par ces filles psychiques et leur descendance que vont s'épanouir sur la

---

53. J'ai déjà fait une traduction et une analyse détaillée du *Pitrikalpa* dans ses dimensions narrative et discursive : *Le Pitrikalpa du Harivamsha : traduction, analyse, interprétation*, Québec, Les Presses de l'Université Laval, 1998. Pour un aperçu, voir mon article : « Le *Pitrikalpa* du *Harivamsha* et son concept de *Pitri* », *Journal asiatique* 283,1 (1995) : 91-120.
54. *Harivamsha* 13, 29.

terre les valeurs du yoga, un yoga qui peut même devenir un moyen de libération, un moyen d'échapper aux renaissances à répétition. Et ce yoga qui mène à la libération peut être accordé par les *pitri* qui été comblés par les *shrâddha*. C'est là l'enseignement renouvelé du *Pitrikalpa* qui, en faisant la démonstration que le *shrâddha* peut donner des fruits innombrables, fait du même coup l'apologie des *pitri* qui prodiguent leurs faveurs à profusion. Et quel témoignage de conciliation harmonieuse de la tradition ancienne du rituel — que le *Pitrikalpa* vient appuyer et renforcer — avec des idées nouvelles issues d'autres courants de pensée proposant des moyens de salut pour sortir du cercle infernal des renaissances !

Les nombreux *shrâddha-kalpa* sont tous préoccupés par l'action bien faite (*sukrita*), la rectitude dans l'exécution des rites, ainsi que par les mérites revenant à celui qui possède le savoir-faire rituel et qui conforme ses actions aux prescriptions. Le *Pitrikalpa* ne repousse pas cette vision traditionnelle. Il la reconnaît comme un présupposé, comme une chose connue et acceptée de tous sur laquelle il n'est guère besoin d'insister. C'est entre les lignes ou en arrière-plan qu'il faut la lire. Il ne veut ni la rejeter ni la supplanter ; au contraire, par plusieurs exemples, il réaffirme et consolide le bien-fondé des rites anciens. Cependant, par une sorte d'ambiguïté bien typique à la tradition indienne, il vient compléter la tradition, la parachever, comme si tout l'enseignement ancien n'avait pas encore réussi à traverser le temps pour se faire entendre. L'attention n'est plus guère dirigée vers le savoir-faire rituel ni sur les détails techniques des éléments du rituel. Elle est désormais déplacée vers les destinataires des *shrâddha*, ainsi que sur la signification que peuvent prendre ces actions pour le développement de l'humain. C'est la fonction des rites des *shrâddha* qui est ainsi éclairée et du même coup le rôle des *pitri*.

À la nécessité de la célébration assidue des *shrâddha* pour les *pitri*, le *Pitrikalpa* ajoute une perspective nouvelle : si les *shrâddha* portent fruit, c'est parce que les *pitri*, à l'égal des divinités, ont le pouvoir de prodiguer leurs faveurs. Plus ils sont satisfaits, plus ils savent se montrer bienveillants. Comme dans la doctrine du *karman* et des renaissances, c'est encore l'idée du retour ou du rebondissement de l'action qui est sous-jacente à cette doctrine. Tandis que les *shrâddha-kalpa* dirigent leur regard à partir des vivants vers les *pitri*, le *Pitrikalpa* exalte la magnanimité des *pitri* envers les vivants. Le point de vue est inversé. La notion de savoir-faire rituel est dépassée par la notion de savoir. Le mythe des dieux-pères sauvés par leurs fils qui a été évoqué plus haut[55], et qui est tiré du *Pitrikalpa*, fait la démonstration d'une relation d'assistance mutuelle entre fils et pères, entre vivants et morts d'une même lignée, entre fils et *pitri*. C'est en raison de cette réciprocité des rôles de père et de fils qu'il est non seulement bon, mais nécessaire, d'alimenter sa connaissance sur les *pitri*, sur leur rôle et sur leur grande puissance. Le savoir l'emporte sur le savoir-faire, il est plus vaste, plus englobant, et combien plus libérateur.

L'une des originalités du *Pitrikalpa* consiste à faire jouer aux *pitri* un rôle dynamique dans la conciliation de deux doctrines contradictoires, celle des *shrâddha* pour le bien-être des *pitri* dans l'au-delà, et celle des renaissances sans fin. Les concepts à la base de ces deux doctrines sont opposés : les *shrâddha* reposent sur les valeurs rituelles, sur l'action bien faite, tandis que le type de renaissance est déterminé par le *karman* accumulé, par le bilan des actions bonnes et des actions mauvaises, en somme par la valeur éthique de l'action. Le *Pitrikalpa* témoigne de la façon bien indienne de faire face aux courants de pensée divergents : ne rien rejeter, mais réajuster, laisser coexister et tirer parti des différences. Il élargit la notion d'action bien faite (*sukrita*), la fait évoluer, la fait glisser vers celle de l'action propice et méritoire (*shubha-karman*), avec ses corollaires : le mérite et le démérite.

L'action propice et méritoire, selon le *Pitrikalpa*, est une action qui peut porter fruit même au-delà de multiples renaissances. C'est ainsi que la célébration assidue des *shrâddha* peut devenir une action propice et méritoire pour celui qui l'accomplit. Parmi les fruits abondants et diversifiés du *shrâddha*, le fruit le plus sublime peut être le salut, c'est-à-dire la délivrance de la nécessité de renaître, et ce salut peut passer par la voie du yoga. De plus, selon le *Pitrikalpa*, les *pitri* magnanimes de la tradition ont le pouvoir de faire accéder à ce yoga qui mène à la libération. Tout cet ensei-

---

55. Voir : « La nécessité d'engendrer un fils... ».

gnement renouvelé est médiatisé dans le récit des sept vies successives de sept frères brahmanes dont le septième et le principal se nomme Brahmadatta. C'est une légende antique, dit le texte, qui « se rapporte au fruit rattaché au *shrâddha* et à l'action bien faite[56] ».

Ce que le récit met en évidence, c'est que le *shrâddhin* vigilant, celui qui célèbre assidûment des *shrâddha* pour les *pitri*, accomplit une action propice qui pourra lui mériter le meilleur des fruits. Les premières paroles du *Pitrikalpa* se font d'ailleurs tout à fait explicites à travers cette demande d'un disciple à son maître : « Raconte-moi donc cette histoire qui enseigne comment ce qui est donné aux *pitri* peut procurer la libération ici-bas[57]. » Cette belle histoire, c'est justement celle des sept frères brahmanes qui vivront sept existences, puis seront délivrés de toute autre renaissance, mais c'est plus précisément l'histoire du septième des frères qui, dans sa dernière existence, portera le nom de Brahmadatta. Dans sa deuxième existence, il s'appelait Pitrivartin, nom évocateur qui signifie « celui qui se comporte comme il convient envers les *pitri* ». On comprend aisément qu'il devait son nom à ses bonnes dispositions envers les *pitri* et aux *shrâddha* qu'il avait l'habitude de célébrer à leur intention.

Dans leur deuxième existence, les sept frères séjournaient chez leur *guru*, leur maître spirituel, pour y mener la vie d'étudiant brahmanique, le *brahmacarya-âshrama*, qui est le premier des quatre stades de l'existence dont il a été question dans un chapitre précédent[58]. Il peut être opportun de préciser que le mot *guru*, comme adjectif, signifie « lourd » ; comme substantif, il désigne l'homme qui a du poids, l'aîné, le supérieur, le maître qui instruit, qui communique la connaissance grâce à laquelle on peut sortir des ténèbres de l'ignorance. Pendant cette période d'étude qui peut durer de huit à douze ans, l'étudiant brahmanique, appelé le *brahmacârin*, c'est-à-dire « celui qui pratique le *brahman*, la parole védique », vit dans la famille de son *guru* dans le but de faire l'apprentissage de la science védique. Comme tous les *brahmacârin*, les sept frères avaient le devoir d'écouter

---

56. *Harivamsha* 15, 67.
57. *Harivamsha* 11, 15.
58. Voir chapitre II : « Structure sociale articulée autour du sacrifice ».

l'enseignement de leur *guru*, de faire de l'étude personnelle et de pratiquer des vertus, dont la chasteté. En outre, ils étaient tenus de servir leur *guru*, ce qui impliquait qu'ils devaient ramasser le bois pour le feu, entretenir les feux sacrificiels et faire paître sa vache.

Un jour qu'ils étaient occupés à faire paître la vache de leur *guru*, ils furent saisis par la faim. Victimes de leur égarement passager, ils décidèrent d'immoler la vache et de faire croire à leur maître qu'elle avait été la proie d'un tigre. Ils venaient de se rendre coupables d'une double transgression : cruauté envers la vache d'un brahmane et conduite indigne envers leur *guru*. À cause de cette double faute, les sept frères furent déchus du yoga et durent subir une série de basses renaissances, c'est-à-dire des renaissances dans des conditions inférieures. Cependant Pitrivartin, celui-là même qui était fidèle au *dharma* et au *shrâddha* quotidien, avait convaincu ses frères de sacrifier la vache selon les prescriptions rituelles et de l'offrir aux *pitri* avant de s'en nourrir. Le texte souligne l'ambivalence de la conduite des sept frères : ils s'étaient montrés peu respectueux du *dharma* et à la fois fidèles aux *pitri*. Bien que le *dharma* avait été lésé, un *shrâddha* n'en avait pas moins été célébré. C'est cette action dévouée envers les *pitri* qui sera leur planche de salut, même si ce salut ne viendra qu'au terme de la septième existence, les existences intermédiaires sous forme animale étant nécessaires pour réparer leur écart de conduite.

Les sept frères eurent donc à vivre des renaissances comme chasseurs, comme antilopes et deux existences comme oiseaux aquatiques, avant de connaître une existence humaine comme brahmanes. Pitrivartin avait bien compris le sens des rites envers les *pitri*. Le *shrâddha* que les sept frères avaient offert était une action propice et méritoire, et c'est justement cette action propice qui leur valut le privilège, à chacune de leurs basses renaissances, de conserver le souvenir de leurs existences antérieures et de demeurer fidèles à leur *dharma*. De plus, c'est encore grâce à cette même action propice et méritoire accomplie dans une existence antérieure qu'ils finirent, dans leur septième existence, par retrouver leur condition de brahmanes et recouvrer le yoga qu'ils avaient perdu. Ils purent alors se vouer au yoga et, grâce à ce moyen d'accomplissement, accéder à la libération.

Pitrivartin-Brahmadatta doit sa délivrance au fait qu'il a été un *satputra*, un bon fils pour les *pitri*. Et être un bon fils pour les *pitri*, cela veut dire être un *shrâddhin*, un fils qui célèbre des *shrâddha* pour les *pitri*. En des temps plus anciens, l'efficacité du rituel des *shrâddha* était strictement dépendante de la conformité des rites aux normes prescrites. En ces temps de renouveau du *Pitrikalpa*, la célébration du même rituel devient un acte méritoire qui, en soi, porte ses fruits. À l'image du processus karmique où rien ne se perd, les *pitri* qui ont reçu l'hommage des vivants répondent en prodiguant leurs faveurs. C'est non seulement l'histoire de Pitrivartin-Brahmadatta et de ses frères, c'est tout le *Pitrikalpa* qui exalte la grande puissance des *pitri*, en allant jusqu'à leur faire jouer un rôle dans l'œuvre du salut de l'humain. Voilà pourquoi il importe au plus haut point d'honorer les *pitri*, qui sont considérés à l'égal des divinités[59].

À travers la trame des sept existences des sept frères, c'est encore l'idée de continuité, sans interruption, qui est sous-jacente à la notion de *pitri*. Difficile de ne pas établir une filiation directe avec le sacrifice védique conçu pour organiser le cosmos et bâtir sa durée, un sacrifice qui devait être déroulé ou déployé de façon continue, sans discontinuité, afin de sans cesse maintenir la continuité et l'équilibre du monde. La vigilance résidait alors dans la continuité de l'acte rituel ainsi que dans sa rectitude, sa conformité aux normes. La notion de *pitri* telle que discutée dans le *Pitrikalpa* s'échafaude, au premier plan, sur la continuité biologique, liens qui se trouvent consolidés par les rites des *shrâddha*. Mais cette notion de *pitri* y est tout autant envisagée sous l'angle du *karman* et de la conception qu'on se fait de l'action et de ses conséquences dans la doctrine du *karman* et des renaissances, conception dans laquelle tout acte laisse des traces indélébiles qui conditionnent l'agir subséquent. Les traces, tant positives que négatives, créées par toute activité (*karman*) imprègnent le psychisme et le conditionnent par delà même

---

59. Voir Marcelle Saindon, «Le *shrâddhin* vigilant du *Pitrikalpa* du *Harivamsha*», *Studies in Religion / Sciences religieuses* 24,2 (1995): 193-209.

de multiples renaissances. De la même manière, si les basses renaissances des sept frères sont la résultante des traces négatives laissées par leur écart de conduite, leur délivrance est due aux traces positives laissées par leur dévouement envers les *pitri* qui s'est exprimé par le *shrâddha* célébré au cours d'une existence précédente. Le moyen de salut proposé par le *Pitrikalpa* est fortement teinté par les théories de la psychologie indienne.

Les spéculations sur les effets de l'acte ou *karman* et son mûrissement collent en effet aux idées fondamentales de la psychologie indienne selon lesquelles le psychisme est construit par une masse de matériel dont les éléments sont toujours susceptibles de resurgir, de remonter à la conscience. Ce matériel a été emmagasiné par les traces permanentes laissées par toute expérience vécue, traces qui sont appelées *vâsanâ*. L'organisation de ces traces ou *vâsanâ* en vue d'activités psychiques nouvelles s'appelle *samskâra*. L'être psychique qui transmigre ou renaît dans un nouveau corps est l'héritier de ce bagage qui, à son tour, devient une force dynamique[60]. P.-S. Filliozat a résumé en ces termes le rôle de l'inconscient dans l'activité psychique.

> Les philosophes indiens se sont fait très tôt une représentation du rôle de l'inconscient dans l'activité psychique et ont sciemment travaillé à façonner la personnalité en influant sur l'inconscient. Ceci apparaît dans les notions de *vâsanâ* et *samskâra* déjà attestées dans leurs valeurs psychologiques à l'époque des *Upanishad*. L'idée de base est que toute expérience, acte et cognition afférente, affection de la sensibilité, sentiment, concept, etc., une fois vécue, ne meurt jamais irrémédiablement. Elle laisse une trace dans le psychisme. Il n'y a pas d'expérience innocente. Et le psychisme est comparé à une boîte où une substance odorante a été placée puis retirée. Le parfum reste. De même l'expérience vécue laisse une trace invisible, mais réelle, appelée *vâsanâ*. Ces traces ne demeurent pas dans un état chaotique à l'intérieur du psychisme. Elles s'organisent entre elles et ainsi construisent une

---

60. Voir Jean Filliozat, « Les théories psychologiques de l'Inde », *Bulletin de la Société française de philosophie* 67 (1972) : 75-96.

personnalité, apprêtent l'individu à de nouvelles expériences, lui permettent par exemple le souvenir, le rendent capable de nouvelles activités psychiques. Cet apprêt du psychisme par les traces des expériences antérieures est appelé *samskâra*[61].

Et ce terme *samskâra* nous ramène aux rites de perfectionnement ou *samskâra*, ainsi appelés parce qu'ils confèrent à l'individu, selon l'expression de P.-S. Filliozat, « l'apprêt » nécessaire pour le rendre apte à accomplir d'autres rites ou à remplir une fonction. Le chemin parcouru depuis le début de ce livre montre, à sa manière, que rien n'est isolé, que rien ne se perd. Tout finit par se rencontrer dans une circulation ininterrompue et dynamique d'éléments, de concepts ou de réalités qui agissent constamment les uns sur les autres.

Ce côté psychologique, avec ses traces positives, de l'itinéraire des sept frères est projeté avec vigueur dans la réminiscence de leurs existences antérieures et la capacité de recherche de leurs actions passées dont ils sont gratifiés dans chacune de leurs existences. Avec cette conséquence immédiate qu'ils ont le discernement concernant le *dharma* et qu'ils conforment leurs actions à leur *dharma* propre. Plus encore, le récit démontre que c'est en raison de leur action bien faite envers les *pitri* dans une existence précédente, action propice et méritoire, qu'ils finissent par connaître la délivrance. Leur libération par le yoga, que les *pitri* satisfaits leur ont permis de retrouver, se trouve ainsi raccrochée à la fois à la puissance et à la bienveillance des *pitri*, aux valeurs de lignée, à la continuité des valeurs rituelles des *shrâddha*, et même à la doctrine du *karman* et des renaissances. Et ce sont les *pitri* qui se trouvent placés au cœur de tout ce réseau où s'entrecroisent concepts et valeurs, conciliant ainsi le monde ancien et les idées nouvelles, les dotant d'un complément qui prend toutes les apparences d'un parachèvement de la tradition.

---

61. P.-S. Filliozat, *Le sanskrit* : 66-67.

Le dieu Yama, le souverain des *pitri*

Il ne manque pas de récits, dans la littérature ancienne, pour rappeler l'impossibilité de se soustraire à l'acquittement de la dette envers les *pitri*. La grande épopée du *Mahābhārata* raconte que, dans son errance, l'ascète Jaratkāru fut un jour frappé par la vision de ses ancêtres pendus, tête en bas, au-dessus d'un ravin[62]. Privés de la nourriture des *shrāddha*, ces êtres émaciés étaient pendus par une corde faite de racines qu'un rat vivant dans le ravin était en train de ronger, petit à petit. Saisi par leur aspect pitoyable, Jaratkāru s'approche, tout disposé à leur venir en aide. Il constate vite que le peu qu'il reste de la corde risque de se rompre et il s'empresse de leur offrir le secours d'une partie des mérites qu'il a acquis par son ascèse.

Les ancêtres lui répliquent qu'ils ont déjà les fruits de son ascèse, mais cela n'est pas suffisant pour les sortir de l'enfer dans lequel ils sont tombés parce que leur descendance n'est pas assurée. Il ne leur reste qu'un fil (ou qu'une corde) qui les maintient encore tant bien que mal au-dessus du vide. Et ce fil, c'est leur fils Jaratkāru, versé dans la science du Veda, un fils qui a adopté la voie de l'ascétisme. S'ils sont réduits à cet état, suspendus au-dessus du ravin, c'est à cause de ce fils qui n'a ni épouse ni fils. Les ancêtres prient donc leur interlocuteur de transmettre un message à leur fils imprévoyant, de lui dire que ses ancêtres sont en grand danger, qu'il doit prendre épouse et procréer, car il est le seul fil (corde) qui puisse assurer la continuité de la lignée. Le texte sanskrit joue constamment sur la gamme de sens du mot *tantu* : fil, corde, continuité, lignée, descendance, en somme l'idée du fil jamais rompu. C'est le même terme *tantu* que les auteurs des *brāhmana* utilisaient pour parler du fil tendu dans le tissage de l'étoffe, image pour dire que le sacrifice devait être déroulé comme la trame d'un tissu[63].

La corde, ou la racine de l'arbre, expliquent les ancêtres, représente la lignée. Les racines de l'arbre rongées par le rat, ce sont les *pitri* dévorés par Kāla, le Temps. La corde à demi rongée par laquelle ils sont suspendus au-dessus du ravin de

---

62. *Mahābhārata* I, 41-42.
63. Voir chapitre I : « Le sacrifice initial et sa commémoration ».

l'enfer, c'est leur fils qui a adopté l'ascèse et a négligé son devoir d'engendrer une postérité. Le rat, c'est le Temps implacable à la force illimitée. Kâla, le Temps, tue lentement le misérable Jaratkâru qui s'est engagé dans l'ascèse, attiré par les mérites à en retirer, mais qui n'en manque pas moins de prudence et de cœur. L'ascèse de leur fils Jaratkâru ne peut les sauver. Rongés par le Temps, ils s'enfoncent de plus en plus dans l'enfer. Ni l'ascèse ni le sacrifice ne peuvent égaler ou remplacer un fils, insistent-ils. Lorsque finalement les ancêtres s'enquièrent de l'identité de leur interlocuteur, celui-ci se montre extrêmement embarrassé. Ils sont ses parents et ses grands-parents. Il est Jaratkâru, leur fils fautif, qui n'a pas pris épouse, n'a pas engendré de fils et n'a pas contribué à perpétuer la lignée.

Le récit de la rencontre de l'ascète Jaratkâru avec ses ancêtres en grande détresse fait intervenir le *kâla*, le temps, avec sa force à nulle autre pareille, l'écoulement sans pitié du temps, la marche inexorable du temps. Le terme *kâla* exprime le temps qui passe et fuit, insaisissable, l'année qui tourne, avec ses jours et ses nuits, ses mois et ses saisons, ses retours cycliques, le temps toujours le même et pourtant toujours différent. Les textes répètent volontiers que le temps « cuit » les êtres[64], les mûrit pour la mort. Le temps gruge petit à petit la vie et mène inévitablement à la mort. Comme agent du destin, le temps ou le *kâla* à la force redoutable est personnifié dans la littérature indienne. Il est Kâla, à la fois Temps et Mort, dont l'œuvre est surtout perceptible à l'heure de la mort. Kâla, c'est le temps comme loi éternelle et inéluctable, un temps qui régit tout et finit par tout dissoudre pour permettre un nouveau départ. Kâla, c'est aussi le temps de la mort, c'est le terme. Et ce Kâla est souvent identifié à Yama, le dieu régent de la mort.

Selon les textes du Veda, Yama fut le premier mortel à mourir et à entrer dans l'autre monde, frayant ainsi le passage à l'humanité. Il est considéré comme le gardien des enfers et le roi des morts et, par des hymnes, on l'invite à prendre place avec les *pitri* sur la jonchée d'herbe *kusha*[65].

---

64. Par exemple *Mahâbhârata* I, 1, 186-190.
65. Par exemple l'hymne *Rig-Veda* 10, 14 dédié à Yama (traduit par L. Renou dans *Hymnes spéculatifs du Véda*: 59-62).

À l'époque védique, sa juridiction était limitée au domaine de l'après-vie. C'est vers les dieux, les *pitri* et vers Yama élevé au rang de divinité qu'est porté le cadavre du défunt apprêté et « cuit » par Agni, le feu de la crémation. Yama est le fils de Vivasvant, le « rayonnant », le Soleil, et dans l'épopée, on ne manque pas de rappeler sa souveraineté sur les *pitri*[66]. Sukumari Bhattacharji soutient que l'importance de Yama s'est accrue à l'époque de l'expansion de la doctrine du *karman* et des renaissances, doctrine qui a entraîné la multiplication des facettes de sa personnalité[67].

Le fait est que Yama prend, dans l'épopée et les *purâna*, l'allure d'un dieu à fonctions multiples qui sont exprimées par les noms qui lui sont attribués. Il est appelé, selon les circonstances, Yama Vaivasvata, c'est-à-dire fils de Vivasvant, le Soleil ; Kâla, le Temps qui « cuit » et détruit les êtres ; Antaka, « celui qui met fin » à la vie ; Mrityu, la Mort personnifiée, qui fait quitter le monde d'ici-bas et conduit aux portes de l'autre monde ; Dharma, le régulateur ou le juge qui pèse les actions humaines ; Dharmarâja, le roi Dharma ou le roi du *dharma*, de l'ordre, le juge suprême ; Pitripati, le seigneur des *pitri* ; Pitrirâja, le roi des *pitri* ; etc. Yama est le gardien du sud, région des *pitri*. L'iconographie populaire se plaît à le peindre en noir ou en vert, les yeux rouges, vêtu de rouge, portant une couronne et tenant le bâton du châtiment ou de l'exercice de la justice, bâton qui est un insigne royal. On lui ajoute parfois le lacet qui lui sert à capturer l'âme du mort. L'animal qui accompagne Yama et lui sert de monture est le buffle.

La personnalité multiforme de Yama est merveilleusement mise en relief dans le récit suivant extrait du *Mahâbhârata*[68]. Gautamî trouve un jour son fils mort d'une morsure de serpent. Un chasseur en colère amène devant la mère le serpent qu'il tient prisonnier et lui demande de quelle façon il doit tuer le coupable. Le chasseur a beau plaider le mérite à acquérir en faisant périr un ennemi, Gautamî reste imperturbable : la

---

66. Par exemple *Mahâbhârata* 3, 134, 7 ; 5, 16, 34 ; 12, 122, 27 ; 14, 43, 6.
67. Sukumari Bhattacharji, *The Indian Theogony. A Comparative Study of Indian Mythology From the Vedas to the Purânas*, Delhi, Motilal Banarsidass, 1970 : 48-108.
68. *Mahâbhârata* 13, 1.

vengeance n'entraîne que la vengeance. La mort de son fils n'est que l'œuvre du destin, soutient-elle. Tuer le serpent ne servirait à rien. Elle réclame donc sa remise en liberté. Pour sa part, le serpent plaide sa non-culpabilité, invoquant n'avoir été que l'instrument de Mrityu, la Mort, ajoutant même qu'il y a une série de causes influant les unes sur les autres, dans un enchaînement de cause à effet. Mrityu, la Mort, reporte la responsabilité sur Kâla, le Temps, qui est cause de tout, qui exerce un pouvoir suprême sur tout ce qui compose l'univers, et même sur les dieux. Appelé à son tour, Kâla fait remarquer que le serpent, Mrityu et lui-même ne sont que des causes immédiates. Le véritable agent, soutient Kâla, c'est le *karman* du garçon, ce sont ses propres actions antérieures qui ont épuisé sa durée de vie. Voilà une histoire qui illustre bien la complémentarité des facettes ou des fonctions de Yama, selon le modèle de l'enchaînement karmique. Au temps (*kâla*) déterminé par Kâla en fonction du *karman* individuel accumulé, Mrityu ou Antaka accomplit son œuvre sous la supervision de Dharma, le régulateur ou le juge immuable qui soupèse les actions (*karman*) et les mesure.

Difficile de passer sous silence cet autre récit du *Mahâbhârata*[69] mettant en scène une épouse fidèle qui parvient à délivrer l'âme de son époux des liens de Yama. Sâvitrî était la fille d'un roi qui s'était livré pendant dix-huit ans à des pratiques ascétiques pénibles afin d'obtenir un fils. Un enfant vint au monde, mais c'était une fille. Comme personne ne la demandait en mariage, son père le roi lui recommanda de partir à la recherche d'un époux. Après avoir visité les lieux sacrés, les forêts et tous les ermitages des sages royaux, elle fit un jour la rencontre, dans un ermitage, du fils d'un roi aveugle qui avait été dépouillé de son royaume. Elle choisit ce prince Satyavant comme époux. Lorsqu'elle fit part à son père de sa décision, un sage de la cour lui révéla que ce Satyavant aux grandes qualités devait mourir un an plus tard. Elle persista quand même dans son choix et le mariage eut lieu.

Lorsqu'il ne resta plus que quatre jours à l'écoulement de l'année, Sâvitrî entreprit des pratiques ascétiques consistant

---

69. *Mahâbhârata* 3, 277-283.

en un jeûne de trois jours et trois nuits dans une immobilité totale. Au matin du quatrième jour, elle vit son époux prendre sa hache pour se rendre dans la forêt couper le bois destiné au feu sacrificiel, et elle insista pour l'accompagner. Le travail était à peine entamé que Satyavant fut pris d'un mal de tête si violent qu'il éprouva le besoin de s'étendre sur le sol. Sâvitrî vit aussitôt surgir devant elle Yama, le roi des *pitri*, les yeux rouges, vêtu de rouge et portant une couronne. Avec le lacet qu'il tenait à la main, il lia le corps subtil de la taille d'un pouce et l'arracha du corps de Satyavant pour le prendre sous son contrôle. Devant le corps inanimé de son époux gisant sur le sol, Sâvitrî entreprit de plaider sa cause.

Elle se mit à énoncer des paroles de sagesse qui parurent agréables à Yama. Il se montra dès lors disposé à lui accorder la faveur qu'elle solliciterait, à l'exception toutefois de la vie de son mari. Elle demanda que son beau-père pût recouvrer la vue. Le débat se poursuivit. Avec sa ténacité jointe à l'élévation de sa pensée, Sâvitrî put soutirer successivement à Yama la restitution du royaume et de la couronne en faveur de son beau-père, une descendance de cent fils pour son propre père, ainsi que cent fils pour elle et Satyavant, afin de perpétuer la lignée. Charmé par le cinquième exposé de Sâvitrî, Yama promit encore une faveur, mais n'y ajouta pas cette fois de restriction. Sâvitrî s'empressa de lui réclamer la vie de son époux. Yama n'avait plus qu'à délier Satyavant et à réunir les époux.

Lorsqu'il est considéré comme fils, le souverain des *pitri* est plutôt appelé Yama Vaivasvata, ou fils de Vivasvant, le « rayonnant », c'est-à-dire fils du Soleil. Il peut être intéressant d'ajouter que l'autre fils de Vivasvant le Soleil est reconnu dans les textes appelés *purâna* pour être l'instaurateur des rites des *shrâddha* à l'aube de chacune des périodes cycliques ou des âges du monde. Ce frère aîné de Yama a pour nom Manu Vaivasvata, ou fils de Vivasvant. C'est ce Manu Vaivasvata que les textes purâniques considèrent comme *shrâddha-deva*, c'est-à-dire comme le dieu des *shrâddha*. Il porte d'ailleurs couramment le nom de Shrâddhadeva ou de Manu Shrâddhadeva[70]. Le souverain des *pitri* et le dieu des

---

70. Voir Marcelle Saindon, « Les deux divinités du *shrâddha* selon le *Pitrikalpa* du *Harivamsha* », Bulletin d'études indiennes 13-14 (1995-96) : 369-386.

shrâddha sont donc tous deux fils du Soleil resplendissant, celui dont les rayons irradient comme du feu.

La célébration des *shrâddha* dans les lieux de pèlerinage

La célébration des *shrâddha* dans les lieux de pèlerinage a toujours été considérée comme étant particulièrement bénéfique. Les lieux de pèlerinage foisonnent en Inde et ils attirent, plus que jamais, des foules de pèlerins venus, certains pour accomplir une promesse à la suite de la réalisation d'un désir, d'autres pour demander des faveurs, et beaucoup pour prendre part aux grands rassemblements à l'occasion de ces grands pèlerinages cycliques qui se répètent tous les trois ans ou tous les douze ans dans les centres les plus réputés. Le pèlerinage est souvent l'occasion privilégiée de célébrer des *shrâddha*. Certains entreprennent même un pèlerinage dans le but précis d'accomplir les rites pour un parent décédé depuis peu ou pour y immerger les cendres qui ont été conservées jusqu'au moment du pèlerinage. Prendre un bain de purification dans un lieu de pèlerinage et y accomplir des rites, c'est un moyen de gagner des mérites innombrables et peut-être de se libérer des renaissances.

Les lieux de pèlerinage sont toujours rattachés à un cours d'eau, car on attribue à l'eau courante des vertus purificatrices. Ces lieux sont chargés de mythologie, de récits légendaires illustrant les grandes actions des divinités, des sages et des héros. Plus merveilleuse est la légende qui sert d'assise à un lieu de pèlerinage, plus sa réputation est étendue et plus les foules y accourent. Le Gange, le fleuve aux vertus les plus bénéfiques du réseau hydrographique indien, est jalonné de lieux de pèlerinage. Il faudrait plutôt dire la Gangâ, car ce fleuve que nous désignons par le nom Gange et dont nous faisons un masculin, est, pour les Indiens, un fleuve-mère, un fleuve-déesse. C'est la Gangâ, la rivière descendue du ciel pour faire revivre la terre desséchée, mais surtout pour purifier et régénérer les humains. C'est pourquoi, en français, le mot féminin rivière est souvent préféré au mot masculin fleuve lorsqu'il est question des pouvoirs et du prestige de la Gangâ. D'ailleurs, les noms des fleuves et des rivières sont généralement féminins dans les langues indiennes, car ces cours d'eau sont personnifiés en des divinités féminines.

Le centre vital du pèlerinage se situe au *tîrtha*, le gué de la rivière, l'endroit où l'on peut faire la traversée vers l'autre rive. Chaque lieu de pèlerinage comporte au moins un *tîrtha*, et le pèlerinage aux *tîrtha* avec arrêt à tous les *tîrtha* du parcours demeure l'un des traits les plus anciens de la ferveur religieuse indienne. Les rites que le pèlerin accomplit à un *tîrtha* rapportent plus de fruits qu'en tout autre lieu. L'épopée et les *purâna* ne cessent de vanter les fruits considérables rattachés aux pèlerinages aux *tîrtha* ainsi qu'à la pratique rituelle dans ces lieux. Fait à remarquer : ces fruits ou ces mérites sont constamment évalués en comparaison avec ceux du sacrifice védique. Ainsi, le bain rituel à un *tîrtha* est aussi méritoire que l'*ashvamedha*, le sacrifice de cheval. Certains rites peuvent même donner les mérites de dix sacrifices de cheval. L'apologie qu'on y fait du pèlerinage aux *tîrtha* fait bien ressortir sa grande accessibilité et son caractère populaire ; le pèlerinage ne requiert pas les frais onéreux et les grands déploiements des sacrifices royaux et il rejoint toute la population sans considération des barrières habituelles entre les hommes et les femmes, et entre les castes.

Il a toujours été recommandé de célébrer des *shrâddha* et d'autres rites dans ces endroits particulièrement propices, et certains lieux de pèlerinage se sont bâti une solide réputation en ce sens. C'est le cas de la ville de Gayâ qui s'est spécialisée dans les rites des *shrâddha* et qui est même un lieu renommé pour la célébration des *shrâddha* pour les mères. À Gayâ, le parcours complet permet de visiter quarante-huit *tîrtha*, et ceux qui l'accomplissent ont le loisir de célébrer quarante-huit *shrâddha* auxquels la solennité des lieux confère des fruits incommensurables. Lors d'une enquête qu'il a faite en 1876 sur les cérémonies des *shrâddha* à Gayâ, Monier-Williams s'est laissé dire que les communications devenues plus rapides avec le train avaient accéléré le moment de la célébration des *shrâddha* et qu'il y avait moins d'esprits errants (*preta*) qu'auparavant[71]. Aujourd'hui, il est

---

71. Monier Monier-Williams, «*Shrâddha* Ceremonies at Gayâ», *The Indian Antiquary* (1876) : 200-204.

même possible d'expédier les cendres par la poste à un temple autorisé, et les prêtres du temple se chargent d'en faire l'immersion, moyennant rétribution.

Les eaux, et bien davantage celles du *tîrtha*, sont bonnes et purifiantes, mais la rivière elle-même devient le symbole de l'obstacle à vaincre. Depuis les temps les plus reculés, l'Inde a tissé une riche constellation symbolique reliée à la rivière (ou au fleuve) avec la métaphore de la traversée d'une rive vers l'autre rive. L'image de la traversée a toujours été la représentation privilégiée de l'obstacle à franchir, avec ses corollaires obligés : la nécessité d'une barque pour faire la traversée, et d'un passeur qui, à l'aide d'une perche, dirige l'embarcation, avec ses passagers, vers la rive opposée. Tout ce qui est relié à la traversée de la rivière s'est cristallisé dans le concept de *tîrtha* : le gué de la rivière, le lieu d'embarquement pour faire la traversée, le moyen ou l'outil pour faire la traversée, la personne qui aide à franchir le passage, ainsi que la voie de passage[72]. Le mot *tîrtha* est issu de la racine *trî*, qui signifie traverser, passer à travers, franchir, mais aussi surmonter un obstacle, atteindre un but, et finalement faire son salut. Les eaux du *tîrtha* ont un mystérieux pouvoir de purification et de régénération. Le *tîrtha* en est venu à désigner l'endroit de pèlerinage où l'on prend le bain rituel de purification, l'endroit aussi où l'on peut faire la traversée du *samsâra*, pour atteindre la rive de la libération. Le *tîrtha* devient donc un lieu de passage vers la rive de l'autre monde. Faire la traversée prend le sens de passer à travers le *samsâra* pour atteindre *moksha*, la libération.

L'idéal, pour l'hindou, est de mourir près d'un *tîrtha*, car cela augmente les chances de faire la grande traversée. Il arrive fréquemment qu'on porte des mourants jusqu'à un *tîrtha* et qu'on trempe leurs pieds dans l'eau bienfaisante de la rivière. Ce sont les *tîrtha* qui sont situés au confluent de la Gangâ et d'un autre fleuve qui ont les vertus les plus bénéfiques, de même que ceux de la ville de Vârânasi (Bénarès), la plus importante ville sur la Gangâ. Le mythe de la descente

---

72. Voir Katherine K. Young, « *Tirtha* and the Metaphor of Crossing Over », *Studies in Religion / Sciences religieuses* 9,1 (1980) : 61-68 ; Diana L. Eck, « India's *Tîrthas* : "Crossings" in Sacred Geography », *History of Religions* 20,4 (1981) : 323-344.

sur terre de la céleste Gangâ en fait la rivière du salut. Car avant de prendre sa source matérielle dans l'Himâlaya, la Gangâ est d'abord venue du ciel pour faire revivre la terre desséchée. Lorsque les dieux ont accepté de répondre à l'appel pressant de la terre en faisant descendre les flots célestes de la Gangâ, c'est le bienveillant Shiva qui l'a reçue dans sa chevelure tressée afin d'en amortir le choc et de lui permettre de s'écouler en torrents pour régénérer le monde. L'iconographie se nourrit abondamment de ce mythe, et nombreuses sont les peintures qui montrent le flot céleste de la Gangâ jaillissant comme une fontaine du chignon d'ascète de Shiva.

Selon une croyance populaire bien ancrée, à Vârânasî, c'est le seigneur des lieux, le dieu Shiva lui-même, qui murmure à l'oreille du mourant le *mantra* dit *târaka*, le *mantra* qui a le pouvoir de le faire traverser vers la rive de la délivrance. Faut-il rappeler aussi la fabuleuse rivière Vaitaranî remplie de pièges que le défunt doit traverser avant d'aborder au domaine de Yama, une traversée qui est grandement facilitée si le défunt a été prévoyant, s'il a offert à un brahmane, avant de mourir, une vache appelée aussi Vaitaranî. La rivière Vaitaranî, c'est la rivière que l'on peut traverser grâce à un don, et la vache Vaitaranî, c'est le don qui permet de faire la traversée.

La tradition hindoue a rattaché un immense pouvoir au *tîrtha-shrâddha*, c'est-à-dire aux rites des *shrâddha* accomplis lors d'un pèlerinage à un *tîrtha*. Bien connus dans la littérature primitive de pèlerinage, les *tîrtha-shrâddha* continuent toujours d'attirer des foules de pèlerins de tout le sous-continent. On dit que les *shrâddha* célébrés aux *tîrtha* peuvent apporter le plus grand des bénéfices : la libération de toute nouvelle forme d'existence corporelle. Le but du pèlerinage au *tîrtha* est de célébrer les rites pour les ancêtres dans un lieu qui offre la promesse de *moksha*, la délivrance. Cette tradition populaire comporte quelque chose de paradoxal, à moins qu'on ne considère la libération comme un surcroît aux fruits déjà extraordinaires des *shrâddha* en ces lieux. Au fond, ce qui prévaut dans ces manifestations populaires, c'est la *shraddhâ*, la confiance en l'efficacité du rite, la foi. Sur la route du pèlerinage, c'est la religion populaire vivante qui s'exprime avec spontanéité ; les barrières de castes, les contraintes des structures hiérarchiques s'estompent momentanément, jusqu'au retour à la maison. Le pèlerinage est un moment de vie fervente, hors de la vie courante.

CONCLUSION

On peut s'étonner que la pratique des rites postfunéraires appelés *shrâddha* ait subsisté après l'introduction de la doctrine du *karman* et des renaissances, et en dépit de son expansion. Si l'homme est condamné à renaître indéfiniment, à quoi servent alors les rites postfunéraires des *shrâddha* pour assurer le bien-être des défunts, les *pitri*, dans l'autre monde ? À quoi sert alors de lier si intimement le bien-être des *pitri* dans l'au-delà au dévouement et à la vigilance des fils et des descendants qui sont tenus de célébrer pour leurs ancêtres ces rites qui leur sont indispensables ? N'y a-t-il pas risque d'accomplir des rites pour des défunts qui auraient déjà repris vie sur terre dans un autre corps ? D'autre part, avec la doctrine du *karman*, le sort du défunt étant désormais lié à ses actions passées, que viennent donc faire les rites accomplis par les vivants pour le bien-être de ce même défunt ? En somme, n'y a-t-il pas incompatibilité entre la pratique rituelle des *shrâddha* et la doctrine du *karman* et des renaissances ?

Les rites des *shrâddha* et la doctrine du *karman* reposent sur des bases conceptuelles opposées : le *shrâddha* se fonde sur les valeurs rituelles, c'est-à-dire sur la conformité aux prescriptions pour l'efficacité du rite, tandis que la doctrine du *karman* tient davantage des valeurs éthiques, avec les notions de mérite et de démérite, qui tissent les conditions de la prochaine renaissance. Selon le schéma sacrificiel dans lequel s'enracine le rituel funéraire, les défunts qui n'ont pas reçu les rites qui leur sont dus, ou pour qui les rites n'ont pas été faits de façon rigoureusement correcte, sont des morts misérables livrés à la condition de *preta*, de trépassé. Les *preta* demeurent confinés à un espace intermédiaire, un entre-deux ; ils ont quitté la terre, mais ils n'ont pas encore leur place dans l'au-delà. Ils sont contraints à rôder pour secouer la torpeur de leurs descendants. Les *shrâddha* destinés à un seul défunt ont avant tout pour but de sortir le *preta* de sa situation inconfortable et de le faire accéder au statut de *pitri*. Les *shrâddha* subséquents visent à maintenir le bien-être des *pitri* qui, lorsqu'ils sont comblés, savent faire pleuvoir, à la façon des divinités, leurs faveurs sur ceux qui les honorent correctement et assidûment.

En simplifiant un peu, on pourrait dire que la première série de *shrâddha* assure le bien-être des défunts, tandis que la seconde rejaillit sur ceux qui perpétuent les rites. En fait, tous, défunts et vivants, y trouvent leur compte. Dans cette conception du rituel funéraire qui lie les vivants aux morts, la rupture de la lignée s'avère une catastrophe. Il faut qu'il y ait des descendants pour assurer la continuité rituelle. La continuité de la lignée est à la base de l'institution du *shrâddha*, et c'est sans doute la nécessité absolue de sauvegarder la lignée ininterrompue qui a été la force du maintien des rites des *shrâddha*. Quand on lit la littérature narrative ancienne, autant l'épopée que les *purâna*, on est frappé par l'intrusion de généalogies parfois très longues qui freinent la marche du récit, qui nous semblent des surcharges alourdissant inutilement le rythme de la narration ou de l'exposé. C'est dans la conception de l'activité rituelle que se trouverait l'explication de ces descriptions de lignées. Le maître de maison qui célèbre les rites doit savoir se situer dans la lignée. De lui dépendent le bien-être de ses ancêtres, le sien ainsi que celui de sa famille.

Ce système rituel a l'énorme désavantage d'ignorer l'idée de la rétribution des actes, d'ignorer les notions de mérite et de démérite, idée sur laquelle se fonde par ailleurs la doctrine du *karman*. Selon cette doctrine, les actes restent attachés à leur auteur, ils le suivent par delà la mort, et à travers les existences successives. Chacune des actions faites laisse, dans le psychisme, des traces bien imprimées qui organisent et construisent les dispositions et les aptitudes nouvelles, « apprêtent » la nouvelle personnalité pour les nouvelles expériences qu'elle aura à faire. L'*âtman* transmigre avec ces dispositions et ces aptitudes déjà organisées¹. Le corps qu'il revêt n'est, pour chacune des existences, qu'un vêtement passager, voué à la destruction. Tandis que les *upanishad* parlent d'*âtman* indestructible et éternel, d'autres courants de pensée ultérieurs parleront de corps subtil, par opposition au corps dit «grossier», un corps subtil nourri par les offrandes de *pinda*².

L'idéologie du sacrifice et du rituel en général repose sur les valeurs de la famille et de la lignée, sur la continuité des lignées pour garantir la continuité rituelle. À l'opposé, la conception de la transmigration concerne l'individu avec ses actes propres. Contrairement à des croyances qu'on retrouve dans d'autres cultures, le retour sur terre dans la même lignée n'est qu'occasionnel ou marginal. On peut d'ailleurs renaître sous une forme autre qu'humaine. Pour celui qui a la connaissance de l'*âtman* éternel, l'homme paraît naître et mourir, mais ce n'est que son apparence d'individualité qui disparaît à la mort. Si la rétribution selon la qualité du *karman* paraît répondre à une certaine logique et à une justice immanente aux actes, elle n'en reste pas moins un mécanisme aveugle et implacable tout autant que peut l'être l'efficacité magique du rite liée au respect scrupuleux des normes prescrites. La transmigration avec la ronde du *samsâra* dans la suite sans fin des existences est un asservissement auquel on voudrait bien s'arracher pour accéder à la libération.

Ce qui donne son essence à la doctrine du *karman*, c'est la persistance des effets de l'acte, au-delà même de plusieurs existences. Cette durée des effets de l'action implique des états provisoires ainsi que des lieux provisoires, dans lesquels on n'est que de passage, qu'en transit vers un autre lieu ou vers une autre condition d'existence. Transmigrer, c'est passer d'une existence à une autre dans une suite sans

---

1. Dans l'étude qu'il a faite du mythe d'enfance de Krishna, André Couture a exposé des réflexions semblables sur les liens entre lignée et renaissance : «Généalogie et réincarnation dans le mythe d'enfance de Krishna», *Studies in Religion / Sciences religieuses* 11,2 (1982) : 145-146.
2. Michel Hulin a livré une réflexion sur la notion de «corps de transmigration» qu'il a comparée à celle de «corps de résurrection» du christianisme : «Corps de transmigration et corps de résurrection», *Eranos* 52 (1983) : 347-388.

fin, en fonction du *karman* accumulé dans les existences antérieures. Après les rites de la crémation, le défunt vit dans la condition transitoire de *preta* jusqu'au moment où il sera intégré au monde des *pitri*. L'état de *preta* est un état intermédiaire qui se vit dans un espace intermédiaire, un entre-deux de transition. Le *preta* se nourrit de boulettes de nourriture appelées *pinda* qui sont une nourriture de transition offerte au trépassé afin qu'il puisse se reconstruire un corps temporaire de la taille d'un pouce pour la durée de sa condition de *preta*. Le corps miniature du *preta* se dissout avec le rite du *sapindikarana-shrâddha* qui le fait accéder à la condition de *pitri* et l'intègre au *pitriloka*, le monde des *pitri*. Avec la doctrine de la rétribution des actes selon les mérites, les mondes célestes ou les enfers dans lesquels l'âme va mûrir son *karman* ne sont jamais que des séjours transitoires, en attendant la prochaine renaissance. Dans ces conditions, toute forme de vie devient passagère, transitoire, dans un cycle où tout tourne inlassablement et recommence. C'est une loi inexorable. Seul l'*âtman* est éternel et indestructible.

Et pourtant, c'était bien la durée des effets ou des fruits des rites que l'on recherchait dans l'activité sacrificielle védique. On cherchait à construire cette durée par la répétition inlassable des actes rituels, répétition qui compensait pour la nature éphémère de ces bons effets. C'était un tissage sans cesse repris de la même étoffe sur la même trame chaque fois tendue. On utilisait le mot *tantu* pour désigner le fil tendu, la chaîne pour le tissage, la structuration de la trame, la continuité, mot qui, par la suite, a servi à désigner aussi la descendance, la lignée, la continuité des générations. Les termes *tantu* et *santati* englobent les sens de tissage et de descendance, l'idée du fil jamais rompu, de la continuité biologique et de la continuité des pratiques rituelles dont la transmission se fait dans la tradition familiale. C'est aussi le lien jamais rompu avec les racines, avec les origines, ce sont aussi les liens que les rites permettent de maintenir entre les vivants et les morts et, d'une certaine façon aussi, l'enfilade des existences.

Les juxtapositions difficiles de concepts, les contradictions parfois ou les oppositions ne manquent pas dans l'hindouisme. La coexistence de courants de pensée qui semblent s'opposer ou qui s'ajustent mal a été une constante dans l'histoire de la tradition religieuse indienne. Les concepts ou les courants nouveaux qui sont apparus tout au long des siècles n'ont pas nécessairement rendus désuets ceux qui étaient en place, en tout cas ne les ont pas détruits. Ils se sont juxtaposés, incorporés, agglutinés à ce qui était déjà là, pour former de nouveaux ensembles avec leur logique propre, leur cohérence. C'est ainsi que la tradition s'est enrichie, même si elle s'est diversifiée et ramifiée en courants sectaires. Sous des dehors qu'on croirait immuables ou même sclérosés, la construction de l'hindouisme porte les marques d'une extraordinaire capacité d'adaptation. Dans l'Inde actuelle, la croyance en la doctrine du *karman* et des renaissances est toujours bien vivante, et les rites pour les ancêtres y demeurent toujours très importants.

Sous des allures hétéroclites, voire anarchiques, l'hindouisme apparaît finalement comme une vaste mosaïque, comme un immense tissage où tout trouve sa place. En Inde, on nous rappellerait volontiers qu'un veau sait toujours retrouver sa mère au milieu de mille vaches. L'hindouisme est le produit de la diversité des courants de réflexion d'environ vingt-cinq siècles. Il est le fruit d'une pensée qui fut en perpétuelle effervescence, en constant renouvellement ou parachèvement. Les ambivalences dans la tradition religieuse témoignent des transformations de tous ordres survenues à l'intérieur de la société. C'est parce qu'elle a toujours su préserver le fil conducteur de sa tradition et s'y raccrocher que la société hindoue a pu donner d'elle-même une impression d'immuabilité. C'est bien à tort que l'on s'imagine qu'elle a été imperméable aux changements.

BIBLIOGRAPHIE

ABEGG, Emil, *Der Pretakalpa des Garuda-Purâna. Eine Darstellung des hinduistischen Totenkultes und Jenseitsglaubens*, traduction du sanskrit et commentaire, Berlin, Walter de Gruyter and Co., 1921 (réédité en 1956).

ASSAYAG, Jackie, « Le cadavre divin. Célébration de la mort chez les Lingâyat-Virashaiva (Inde du Sud) », *L'Homme* 27,3 (1987): 93-112.

Bhagavad Gîtâ (La), traduite du sanskrit par Anne-Marie Esnoul et Olivier Lacombe, coll. « Points / Sagesses », Paris, Seuil, 1976.

BHATTACHARJI, Sukumari, *The Indian Theogony. A Comparative Study of Indian Mythology From the Vedas to the Purânas*, Delhi, Motilal Banarsidass, 1970.

BIARDEAU, Madeleine, *Études de mythologie hindoue I. Cosmogonies purâniques*, Paris, École française d'Extrême-Orient, 1981.

BIARDEAU, Madeleine et Charles MALAMOUD, *Le sacrifice dans l'Inde ancienne*, Paris, Presses universitaires de France, 1976.

BIÈS, Jean, *Littérature française et pensée hindoue. Des origines à 1950*, Strasbourg, Librairie C. Klincksieck, 1974.

BODEWITZ, H. W., *The Daily Evening and Morning Offering (Agnihotra) According to the Brâhmanas*, Leiden, Brill, 1976.

BRUNNER-LACHAUX, Hélène, *Somashambhupaddhati*, 3ᵉ partie: *Rituels occasionnels II, texte, traduction et notes*, Pondichéry, Institut français d'indologie, 1977.

CALAND, Willem, *Über Totenverehrung bei einigen der Indogermanischen Völker*, Amsterdam, 1888.

- *Altindischer Ahnencult: das Shrāddha nach den verschiedenen Schulen mit Benutzung handschriftlicher Quellen dargestellt*, Leiden, Brill, 1893 (réédité à Wiesbaden en 1967).
- *Die Altindischen Todten- und Bestattungsgebraüche mit Benutzung handschriftlicher Quellen dargestellt*, Amsterdam, 1896.

CHEMBURKAR, Jaya, « *Pitriyajña* : A Study », dans Sindhu S. Dange (ed.), *Sacrifice in India. Concept and Evolution*, Aligarh, Viveka Publications, 1987 : 99-106.

COUTURE, André, « Généalogie et réincarnation dans le mythe d'enfance de Krishna », *Studies in Religion / Sciences religieuses* 11,2 (1982) : 135-147.

DELIÈGE, Robert, *Le système des castes*, Que sais-je? 2788, Paris, Presses universitaires de France, 1993.

DONNER, Otto, *Pindapitriyajña, das Manenopfer mit Klössen bei den Indern. Abhandlung aus dem vedischen Ritual*, Berlin, 1870.

DUMÉZIL, Georges, « Rituels royaux de l'Inde védique », dans *Fêtes romaines d'été et d'automne*, Paris, Gallimard, 1975 : 115-138.

DUMONT, Louis, *Homo hierarchicus. Le système des castes et ses implications*, Paris, TEL, Gallimard, 1966.
- « La dette vis-à-vis des ancêtres et la catégorie de *sapinda* », *Purushârtha* 4 (1980) : 15-37.

DUMONT, Paul-Émile, *L'agnihotra. Description de l'agnihotra dans le rituel védique*, Baltimore, The Johns Hopkins Press, 1939.

ECK, Diana L., « India's *Tīrthas* : "Crossings" in Sacred Geography », *History of Religions* 20,4 (1981) : 323-344.

FILLIOZAT, Jean, « Les théories psychologiques de l'Inde », *Bulletin de la Société française de philosophie* 67 (1972) : 75-96.
- « Sur quelques désignations de textes sanskrits », dans *Ludwik Sternbach Felicitation Volume*, Lucknow, Akhila Bharatiya Sanskrit Parishad, 1979 : 253-258.

FILLIOZAT, Pierre-Sylvain, *Le sanskrit*, Que sais-je? 1416, Paris, Presses universitaires de France, 1992.

Garuda-Purâna, traduction en anglais et annotation, coll. « Ancient Indian Tradition and Mythology », J. L. Shastri (ed.), Delhi, Motilal Banarsidass, 1979.

GONDA, Jan, *Les religions de l'Inde*, vol. 1 : *Védisme et hindouisme ancien*, traduit de l'allemand par L. Jospin, Paris, Payothèque, 1979.

GOPAL, Ram, *India of Vedic Kalpasūtras*, Delhi, Motilal Banarsidass, 1959.

Harivamsha (The), Being the Khila or Supplement to the Mahâbhârata. For the first time critically edited by Parashuram Lakshman Vaidya, 2 vol., Poona, Bhandarkar Oriental Research Institute, 1969 et 1971.

HARLAN, Lindsey, «Perfection and Devotion: Sati Tradition in Rajasthan», dans John Stratton Hawley (ed.), *Sati, the Blessing and the Curse. The Burning of Wives in India*, New York / Oxford, Oxford University Press, 1994: 79-91.

HERRENSCHMIDT, Olivier, «L'Inde et le sous-continent indien», dans *Ethnologie régionale II*, Encyclopédie de La Pléiade, Paris, Gallimard, 1978: 86-282.

— «Le sacrifice du buffle en Andhra côtier», dans Madeleine Biardeau (ed.), *Autour de la déesse hindoue*, Paris, *Purushârtha* 5 (1981): 137-177.

— *Les meilleurs dieux sont hindous*, Lausanne, L'Âge d'homme, 1989.

HUBERT, Henri et Marcel MAUSS, «Essai sur la nature et la fonction du sacrifice», dans Marcel Mauss, *Œuvres 1. Les fonctions sociales du sacré*, Paris, Éd. de Minuit, 1968: 193-354.

HULIN, Michel, «Corps de transmigration et corps de résurrection», *Eranos* 52 (1983): 347-388.

— «L'Inde et la transmigration», dans *La face cachée du temps. L'imaginaire de l'au-delà*, Paris, Fayard, 1985: 347-396.

JAMISON, Stephanie W., *Sacrificed Wife. Sacrificer's Wife. Women, Ritual, and Hospitality in Ancient India*, New York / Oxford, Oxford University Press, 1996.

JUSTICE, Christopher, *Dying the Good Death. The Pilgrimage to Die in India's Holy City*, New York, State University of New York Press, 1997.

KANE, Pandurang Vaman, *History of Dharmashâstra (Ancient and Mediæval Religious and Civil Law)*, Poona, Bhandarkar Oriental Research Institute, 5 vol. en 8 t., 1930-1962.

KAPANI, Lakshmi, *La notion de samskâra dans l'Inde brahmanique et bouddhique, I*, Paris, De Boccard, 1992.

KNIPE, David M., «*Sapindîkarana*: The Hindu Rite of Entry into Heaven», dans Frank E. Reynolds et Earle H. Waugh (dir.), *Religious Encounters with Death*, University Park, Pennsylvania State University Press, 1977: 111-124.

Lévi, Sylvain, *La doctrine du sacrifice dans les Brâhmanas*, Paris, 1898, réédité avec une préface de Louis Renou, Paris, Presses universitaires de France, 1966.

(*Lois de Manu*) *The Laws of Manu*, traduction avec extraits de sept commentaires par Georg Bühler, coll. « Sacred Books of the East », vol. 25, Delhi, Motilal Banarsidass, 1886 (réédité en 1988).

(*Lois de Manu*) *The Laws of Manu*, avec introduction et notes, traduction par Wendy Doniger et Brian K. Smith, Penguin Books, 1991.

Mahâbhârata (*The*). Édition critique de V.S. Sukthankar, 19 vol. (en 22 tomes), Poona, Bhandarkar Oriental Research Institute, 1933-1966.

Malamoud, Charles, « L'Inde brâhmanique. *Karman* des hommes, *mâyâ* des dieux », dans Fr. Châtelet et G. Mairet, *Histoire des idéologies* 1, Hachette, 1977 : 67-81.

— « La dualité, la mort, la loi. Note sur le nombre deux dans la pensée de l'Inde brâhmanique », *Revue d'esthétique* 1-2, « Le deux », coll. 10/18, 1980 : 93-109.

— « Soma et l'échange. Substance sacrificielle et figure divine dans la mythologie védique », dans Yves Bonnefoy (dir.), *Dictionnaire des mythologies*, Paris, Flammarion, 1981 : 453-455.

— « Les morts sans visage. Remarques sur l'idéologie funéraire dans le brâhmanisme », dans Gherardo Gnoli et Jean-Pierre Vernant (dir.), *La mort, les morts dans les sociétés anciennes*, Cambridge, Cambridge University Press / Paris, Éd. de la Maison des sciences de l'homme, 1982 : 441-453.

— « À l'articulation de la nature et de l'artifice : le rite », *Le genre humain* 12, « Les usages de la nature » (1985) : 233-246.

— « Spéculations indiennes sur le sexe du sacrifice », *L'Écrit du temps* 16 (1987) : 7-28.

— *Cuire le monde. Rite et pensée dans l'Inde ancienne*, Paris, La Découverte, 1989.

— « Cosmologie prescriptive. Observations sur le monde et le non-monde dans l'Inde ancienne », *Le temps de la réflexion*, tome X, Paris, Gallimard, 1989 : 303-325.

— « Sans lieu ni date. Note sur l'absence de fondation dans l'Inde védique », dans Marcel Detienne (dir.), *Tracés de fondation*, Bibliothèque de l'École des hautes études, vol. 93, Louvain–Paris, Peeters, 1990 : 183-191.

— « Retours à l'écriture. Détournements de l'écriture. Remarques sur une cérémonie védique dans l'Inde de 1990 », dans Évelyne Patlagean et Alain Le Boulluec, *Les retours aux écritures. Fondamentalismes présents et passés*, Louvain–Paris, Peeters, 1993 : 157-174.

— « La dénégation de la violence dans le sacrifice védique », *Gradhiva* 15 (1994) : 35-42.

MALLISON, Françoise, *L'épouse idéale. La Sati-Gitâ de Muktânanda*, traduite du *gujarâtî*, Paris, Institut de civilisation indienne, 1973.

MONIER-WILLIAMS, Monier, « Shrâddha Ceremonies at Gayâ », *The Indian Antiquary* (1876) : 200-204.

MORÉCHAND, Guy, « Contribution à l'étude des rites funéraires indiens », *Bulletin de l'École française d'Extrême-Orient* 62 (1975) : 55-124.

MURTHY, U. R. Anantha, *Samskara. Rites pour un mort*, traduit par Anne-Cécile Padoux, Paris, L'Harmattan, 1985. (Paru d'abord sous le titre *Samskara. A Rite for a Dead Man*, traduit du kannada par A. K. Ramanujan, Delhi, Oxford University Press, 1978.)

NANDY, Ashis, « Sati as Profit Versus Sati as a Spectacle : The Public Debate on Roop Kanwar's Death », dans John Stratton Hawley (ed.), *Sati, the Blessing and the Curse. The Burning of Wives in India*, New York / Oxford, Oxford University Press, 1994 : 131-149.

NICHOLAS, Ralph W., « Shrâddha, Impurity, and Relations Between the Living and the Dead », *Contributions to Indian Sociology* 15,1 (1981) : 367-379.

OLSON, Carl, « The Existential, Social, and Cosmic Significance of the Upanayana Rite », *Numen* 24,2 (1977) : 152-160.

PANDEY, Raj Bali, *Hindu Samskâras. Socio-Religious Study of the Hindu Sacraments*, Delhi, Motilal Banarsidass, 1969.

PARRY, Jonathan, « Ghosts, Greed and Sin : the Occupational Identity of the Benares Funeral Priests », *Man (N.S.)* 15 (1980) : 88-111.
— « Sacrificial Death and the Necrophagous Ascetic », dans Maurice Bloch et Jonathan Parry (ed.), *Death and the Regeneration of Life*, Cambridge, Cambridge University Press, 1982 : 74-110.
— « Death and Digestion : The Symbolism of Food and Eating in North Indian Mortuary Rites », *Man* 20 (1985) : 612-630.
— *Death in Banaras*, Cambridge, Cambridge University Press, 1994.

PINAULT, Georges-Jean, « Parole articulée et vérité », dans Sylvain Auroux (dir.), *Histoire des idées linguistiques*, tome 1, Liège–Bruxelles, Pierre Mardaga éditeur, 1989 : 293-302.

Pinda-Upanishad, traduction en français dans Lakshmi Kapani, *La notion de samskâra dans l'Inde brahmanique et bouddhique*, I, Paris, De Boccard, 1992 : 133.

Pinda-Upanishad, dans Paul Deussen, *Sixty Upanishads of the Veda*, traduction de l'allemand par V. M. Bedekar et G. B. Palsule, vol. 2, Delhi, Motilal Banarsidass, 1980 : 653-654.

Pretakalpa. Voir Abegg.

Pretakalpa, dans *Garuda-Purâna*, traduction en anglais et annotation, coll. « Ancient Indian Tradition and Mythology », J. L. Shastri (ed.), Delhi, Motilal Banarsidass, 1979, vol. 13 : 717-828 et vol. 14 : 829-952.

RENOU, Louis, « Cérémonies védiques », dans *Sanskrit et culture. L'apport de l'Inde à la civilisation humaine*, Paris, Payot, 1950 : 26-33.

— *Hymnes spéculatifs du Véda*, traduits du sanskrit et annotés, coll. « Connaissance de l'Orient », Paris, Gallimard / Unesco, 1956.

— *Études védiques et pânineennes*, vol. XIV, fasc. 23, Publications de l'Institut de civilisation indienne, Paris, De Boccard, 1965.

ROCHER, Ludo, « Inheritance and *Shrâddha* : the Principle of " Spiritual Benefit " », dans A.W. Van den Hoek, D.H.A. Kolff et M.S. Oort (ed.), *Ritual, State and History in South Asia. Essays in Honour of J.C. Heesterman*, Leiden, Brill, 1992 : 637-649.

SAINDON, Marcelle, « Le *Pitrikalpa* du *Harivamsha* et son concept de *Pitri* », *Journal asiatique* 283,1 (1995) : 91-120.

— « Le *shrâddhin* vigilant du *Pitrikalpa* du *Harivamsha* », *Studies in Religion / Sciences religieuses* 24,2 (1995) : 193-209.

— « Les deux divinités du *shrâddha* selon le *Pitrikalpa* du *Harivamsha* », *Bulletin d'études indiennes* 13-14 (1995-96) : 369-386.

— *Le Pitrikalpa du Harivamsha : traduction, analyse, interprétation*, Québec, Les Presses de l'Université Laval, 1998.

— « The pertinence of the *Srâddha* rituals in the context of transmigration and liberation according to the *Pitrikalpa* of the *Harivamsha* », *Purâna* (Inde) 41,1 (1999) : 5-17.

SARASWATI, Baidyanath, « The Kashivasi Widows », *Man in India* 65,2 (1985) : 107-120.

SCHWAB, Raymond, *La renaissance orientale*, Paris, Payot, 1950.

SHASTRI, Dakshinaranjan, *Origin and Development of the Rituals of Ancestor Worship in India*, Calcutta, Bookland Private Limited, 1963.

Shatapatha-Brāhmana (The), traduit par Julius Eggeling, coll. « Sacred Books of the East », vol. 12, 26, 41, 43, 44, Delhi, Motilal Barnarsidass, 1882-1900 (plusieurs réimpressions).

SILBURN, Lilian, *Instant et cause. Le discontinu dans la pensée philosophique de l'Inde*, Paris, Librairie philosophique J. Vrin, 1955.

SMITH, Brian K., « Ritual, Knowledge, and Being. Initiation and Veda Study in Ancient India », *Numen* 33,1 (1986) : 65-89.

STAAL, Frits, « The Meaninglessness of Ritual », *Numen* 26,1 (1979) : 2-22.

— *Jouer avec le feu. Pratique et théorie du rituel védique*, Paris, De Boccard, 1990.

STEVENSON, Margaret Sinclair, *Les rites des deux-fois-nés*, traduit de l'anglais par Nicole Ménant, avec une introduction de Lokenath Bhattacharya, Paris, Le Soleil noir, 1982 (Paru d'abord sous le titre *The Rites of the Twice-Born*, 1920).

STORK, Hélène, « La naissance d'un fils dans la tradition religieuse de l'Inde », *Journal de psychologie normale et pathologique* 2-3 (1980) : 151-186.

SURESHCANDRA, Babu, *Le culte des Pitri d'après les Purāna*, Paris, Adrien-Maisonneuve, 1940.

TALWAR OLDENBURG, Veena, « The Roop Kanwar Case : Feminist Responses », dans John Stratton Hawley (ed.), *Sati, the Blessing and the Curse. The Burning of Wives in India*, New York / Oxford, Oxford University Press, 1994 : 101-130.

TULL, Herman Wayne, *The Vedic Origins of Karma*, Albany, State University of New York Press, 1989.

VARENNE, Jean, *Mythes et légendes extraits des Brāhmanas*, traduits du sanskrit et annotés, coll. « Connaissance de l'Orient », Paris, Gallimard / Unesco, 1967.

WEINBERGER-THOMAS, Catherine, « Cendres d'immortalité. La crémation des veuves en Inde », *Archives de sciences sociales des religions* 67,1 (1989) : 9-51.

— *Cendres d'immortalité. La crémation des veuves en Inde*, Paris, Seuil, 1996.

YOUNG, Katherine K., « *Tirtha* and the Metaphor of Crossing Over », *Studies in Religion / Sciences religieuses* 9,1 (1980) : 61-68.

INDEX–GLOSSAIRE DES TERMES SANSKRITS

adharma: le désordre, ce qui est contraire au *dharma*, 55, 63, 75, 92, 118, 134.

agni: le feu, notamment le feu sacrificiel, 17, 26, 89.

Agni: le feu sacrificiel considéré comme dieu, 18, 26, 32-34, 36-38, 44-47, 89-91, 96, 135-136, 142, 152.

agnicayana: sacrifice de l'empilement des briques pour construire l'autel du feu, 37-38, 94.

agnihotra: offrande quotidienne au feu, 19, 32-34, 39.

agnimanthana: rite de l'allumage du feu par barattage ou friction de deux pièces de bois, 18, 27, 47.

ahimsâ: «absence du désir de tuer», la non-violence, 49-50, 89.

âhitâgni: maître de maison qui a installé ses trois feux sacrificiels, 18-20, 74, 91.

amrita: immortalité ; liqueur d'immortalité ou *soma*, 42.

antyeshti: «la dernière offrande», le rituel de la crémation, 80, 88, 93, 102, 119.

âshrama: les quatre étapes ou stades de l'existence : étudiant brahmanique, maître de maison, ermite forestier, renonçant, 56-57, 68, 97, 115 ; ermitage, 57.

âshrama-dharma: le *dharma* ou les devoirs relatifs à chacun des stades de la vie, 75-76.

ashvamedha: sacrifice de cheval, l'un des grands sacrifices royaux, 40, 137, 156.

Atharva-Veda : voir Veda, 21, 30.

âtman : le soi intérieur intemporel, l'âme individuelle, le principe transmigrant, 6, 30 n. 19, 66-68, 117, 162-164.

avatâra : « descente » ; chacune des dix manifestations du dieu Vishnu, 118.

Bhagavad-Gîtâ : « le chant du Bienheureux », l'un des textes-clefs de l'hindouisme, 62, 66, 69, 118.

bhakti : relation de dévotion personnelle entre le fidèle et la divinité choisie, 51.

bhûta : « être » ; esprit maléfique, 82-83, 102.

Brahmà : le créateur, cause première de la création. Aussi appelé Prajâpati, 116, 134-135.

brahmacârin : étudiant brahmanique, celui qui vit le premier stade de vie, le *brahmacarya-âshrama*, 56, 99, 145.

brahmacarya-âshrama : le premier stade de vie, celui de *brahmacârin* ou d'étudiant brahmanique, 56, 99, 145.

brahman (masculin) : officiant surveillant du sacrifice, expert des textes et des rites, 30, 43.

brahman (neutre) : l'absolu impersonnel, le principe universel de toute forme d'existence, 30, 66, 68, 92, 116 ; la parole védique, le Veda, 22, 30, 56, 145.

brâhmana (neutre) : commentaires ou textes interprétatifs sur le rituel, 22-24, 30 n. 20, 31, 33-35, 36 n. 27, 37, 39, 47, 50, 65, 70, 73-75, 136, 150.

darbha : herbe pure qu'on étend comme une jonchée sur l'autel du sacrifice, 27, 60, 83, 124-125.

dharma : l'ordre de tout ce qui constitue et maintient en place l'univers, la norme, ou la loi universelle qui régit l'ensemble des mondes ; l'ensemble des observances auxquelles tout homme doit se soumettre, 14, 16, 51-55, 57, 59, 61-63, 66, 69, 71-72, 74-77, 79, 92, 100, 106, 118, 129, 132-134, 136, 146, 149, 152.

dharma-shâstra: traités de *dharma*, 75-77, 102, 106, 123, 127, 136.

dharma-sûtra: aphorismes sur le *dharma*, 74.

dîkshâ: consécration du sacrifiant préparatoire au sacrifice, 25, 40-41, 97.

dvija: « deux-fois-né », membre de l'un des trois *varna* supérieurs qui a reçu l'initiation, 53-54, 56, 98-99.

ekoddishta-shrâddha: *shrâddha* pour un membre de la famille récemment décédé, 126-129, 132, 139.

Gangâ: (le Gange), rivière descendue du ciel, fleuve-déesse, 7, 81-82, 113-115, 155, 157-158.

Garuda-Purâna: *purâna* célèbre pour son analyse de la condition de *preta* (le *Pretakalpa*), 84, 127, 137, 140.

ghât: marches de pierre qui conduisent au fleuve, 8, 82, 86-87, 114.

griha: maison, 17.

grihastha: le maître de maison, 17, 56, 72, 99, 131, 133.

grihastha-âshrama: le deuxième stade de vie, celui de maître de maison, 56.

grihya: domestique ; se dit en parlant des rites quotidiens ou du feu dit domestique, 17, 19, 79.

grihyâgni: feu domestique servant aux rites célébrés par le maître de maison, 17.

grihya-sûtra: aphorismes sur le rituel domestique, 74, 93.

guru: maître spirituel, aîné, guide, 56-57, 98, 107, 135, 145-146.

Harivamsha: texte sanskrit considéré traditionnellement comme un complément à la grande épopée du *Mahâbhârata*, 55 n. 5, 134 n. 38, 140-141.

jâti : groupe social déterminé par la naissance, 58-62.

kâla : le temps destructeur qui mûrit les êtres pour la mort, 151, 153.

Kâla : le Temps personnifié, la Mort personnifiée ; Temps et Mort souvent identifiés au dieu Yama, 150-153.

kalpa : manuel de la pratique du rituel, science du rituel, 74, 77, 95, 141.

kalpa-sûtra : aphorismes sur la pratique du rituel, 73-74.

kâma : désir, 25 ; amour.

Kâma : le dieu Amour, 112.

kâmya : se dit des rites facultatifs, ceux que l'on fait parce qu'on le désire, 16-17, 79, 131.

karman : l'action, l'agir, 31, 52, 61, 63, 93 ; en contexte rituel, désigne l'acte rituel et le rite lui-même, 15, 49, 62, 67, 74, 87, 92-93, 136-137 ; dans le contexte de la transmigration, l'acte et ses effets, 15, 32, 63-68, 70, 118, 143-144, 147-149, 152-153, 161-165.

kri : faire, agir, accomplir, 15, 31, 63, 93-94, 137.

Krishna : le plus vénéré des dix *avatâra* de Vishnu, 118.

kshatriya : les rois, chefs politiques et les guerriers, ceux qui composent le deuxième *varna*, 53, 56, 62, 88, 98, 100, 105.

kusha : herbe pure à longues feuilles utilisée pour la jonchée qui recouvre l'autel du sacrifice, 27, 60, 83, 124-125, 151.

lepa : restes des offrandes de *pinda* qui collent aux doigts du célébrant, 129, 142.

linga : « signe distinctif » du dieu Shiva, phallus dressé du dieu, 113, 116.

Lois de Manu : titre communément donné au plus célèbre code de lois, la *Manu-smriti*, 76, 99, 106.

Mahâbhârata: l'une des deux grandes épopées indiennes, rédigée autour de l'ère chrétienne, 40, 70 n. 22, 124 n. 8, 140, 142, 150, 152-153.

mahâyajña: les cinq « grands sacrifices » quotidiens célébrés par le maître de maison de l'Inde ancienne, 18, 131.

mantra: formule rituelle énoncée ou murmurée, 15, 17-18, 21, 28-30, 100, 125, 158.

moksha: la libération de toute nouvelle renaissance, 57, 68-69, 81, 157-158.

naimittika: occasionnel, en particulier les rites occasionnels, 16-17, 130.

nitya: se dit des rites obligatoires, réguliers, permanents, 16, 79, 124, 130.

pandit: érudit qui a la connaissance des textes sanskrits, 29, 76.

pârvana-shrâddha: shrâddha pour les trois ancêtres immédiats, 124-126, 128, 132.

Pârvati: fille de l'Himâlaya, épouse de Shiva, 112.

phala: fruit ; le fruit d'une action, le mérite qu'elle procure, les bénéfices qu'on en retire, 16, 32.

pinda: boulette de nourriture offerte au *preta* et aux *pitri* dans les rites des *shrâddha*, 121, 124, 127-130, 138-139, 142, 163-164.

Pinda-Upanishad: titre d'une brève *upanishad* qui expose une théorie sur la reconstruction graduelle d'un nouveau corps pour le *preta*, 127, 138.

pitri: « père », le père de famille, 121 ; les ancêtres honorés par les rites des *shrâddha*, 26, 34, 42, 45-46, 72, 80, 90, 96, 103, 120-122, 124-136, 138, 140-152, 154, 161-162, 164.

Pitrikalpa: fragment du *Harivamsha* qui porte sur le statut et le rôle des *pitri*, 134 n. 38, 140-145, 147-148.

pitriyajña: sacrifice aux *pitri*, 130, 131 n. 27, 132.

Prajâpati : le « maître des créatures », le progéniteur primordial ou créateur. Aussi appelé Brahmâ, 36-37, 46-47, 94, 112, 116 n. 60, 134-136.

preta : « trépassé », condition du défunt qui n'a pas encore accédé à la condition de pitri, 103, 120, 122, 126-131, 136-140, 156, 162, 164.

Pretakalpa : portion importante du Garuda-Purâna qui porte sur la condition de preta, 137-141.

Prithu : roi qui a fait la traite de la vache-terre, 55, 125, 134.

pumsavana : rite de perfectionnement (samskâra) prénatal pour l'obtention d'un fils, 96, 133.

punar-janman : « la re-naissance », les naissances répétées, 66, 70.

punar-mrityu : « la re-mort », la mort répétée, 65-66, 70.

purâna : « récits antiques » ; textes ou récits des origines, 40, 62, 77, 137, 141, 152, 154, 156, 162.

putra : le fils, celui à qui incombe la célébration des rites funéraires, 133-134.

Rig-Veda : voir Veda, 21, 30, 47, 90, 136.

rishi : sage d'une époque ancienne, 19, 28, 75.

rita : l'agencement correct, 29, 34, 52, 61.

sâdhu : terme général pour désigner une grande variété d'ascètes, de saints hommes qui vivent en marge de la société, 57, 115.

sahagamana : « le fait d'aller avec » ; désigne le rite par lequel l'épouse se fait sati en accompagnant son époux sur le bûcher, 108.

sahagamini : « celle qui va avec », l'épouse qui accompagne son époux sur le bûcher, 109.

samâdhi : posture assise de méditation, 91-93 ; tumulus qui recouvre la fosse du samnyâsin, 91-93 ; étape suprême du recueillement par le yoga, 111.

Sâma-Veda : voir Veda, 21, 30.

samhitâ : les quatre collections d'hymnes qui forment la partie la plus ancienne du Veda, 21-22, 70.

samnyâsa-âshrama : le quatrième et dernier stade de vie, celui de renonçant ou de *samnyâsin*, 57, 68, 92, 115.

samnyâsin : le renonçant, celui qui abandonne toute attache au monde et se consacre à la recherche d'une vérité profonde pour atteindre la délivrance totale, 57, 68, 91-92, 115, 129.

samsâra : l'éternel retour dans l'océan ou la suite des existences, 63, 66-69, 157, 163.

samskâra : rites de perfectionnement qui marquent les grandes étapes de l'existence, 20, 93-102, 119, 129, 133-134, 149 ; cérémonies funéraires, 100-101 ; l'« apprêt » du psychisme, son organisation par les traces des expériences de ses existences antérieures, 148-149.

samskrita : fait à la perfection, perfectionné ; désigne aussi la langue « sanskrite », 95.

sanâtana-dharma : le *dharma* considéré comme loi éternelle, 63, 71.

santati : continuité, succession, lignée ininterrompue, descendance, 35, 164.

sapinda : groupe de personnes reliées par l'offrande de *pinda*, 128-129.

sapindikarana-shrâddha : *shrâddha* qui assure le passage de l'état de *preta* à l'état de *pitri*, 128-129, 138, 164.

saptapadî : rite des sept pas que les nouveaux époux doivent faire autour du feu à la fin de la cérémonie du mariage, 17, 85.

sat : énergie, feu intérieur qui habite la *satî*, 108-109.

satî : l'épouse vertueuse, fidèle ; l'épouse fidèle qui accompagne son époux sur le bûcher, 103-104, 106-111, 129-130, 134.

Satî : l'épouse fidèle de Shiva qui périt dans le feu sacrificiel ou par l'ardeur de son yoga, 111-112.

satputra : le bon fils, celui qui sauve son père, 133-134, 147.

satya : ce qui est vrai, ce qui est parole de vérité, 30, 108.

shamitri : « apaiseur », officiant chargé de la mise à mort de la victime sacrificielle, 27, 89.

shâstra : traités normatifs, 75, 77.

Shatapatha-Brâhmana : l'un des plus importants brâhmana, 22, 33, 45, 94, 98, 136.

shesha : tout reste ; Shesha : le serpent Reste qui soutient Vishnu endormi entre deux périodes cosmiques, 117.

Shiva : avec Vishnu, l'une des deux grandes divinités de l'hindouisme, 20, 50, 93, 111-117, 158.

shraddhâ (féminin) : foi, confiance en l'efficacité du rite, 31, 121, 158.

shrâddha (masculin) : rites postfunéraires en l'honneur des pitri, 14, 31, 37, 41, 45-46, 72, 80, 91, 103, 120-138, 140-150, 154-156, 158, 161-162.

shrâddha-kalpa : manuel du rituel concernant les shrâddha, 123, 136, 143-144.

shrâddhin : celui qui accomplit les rites des shrâddha, 121, 145, 147.

shrauta : se dit des rites « solennels » qui exigent la présence des trois feux sacrificiels, 19, 32, 91, 130, 132.

shrauta-sûtra : aphorismes sur le rituel solennel, 74.

shruti : « l'audition », ce qui a été entendu, la révélation, 16, 19, 28, 74.

shûdra : la classe servile, ceux qui composent le quatrième varna, 54, 62, 83, 88, 98.

smriti : « la mémoire », la tradition, 16, 40 n. 37, 74.

soma : nom donné à la plante servant au sacrifice de soma ; la liqueur d'ambroisie qu'on en retire par pressurage rituel, 25, 28, 40-42, 45-46.

Soma : le dieu Soma identifié à la lune (le dieu lunaire), 42, 45-47.

sukrita : « bien fait », l'action bien faite, 31, 93-94, 137, 143-144.

sûtra : « fil » ; fil conducteur d'un exposé ; genre littéraire consistant en aphorismes ou formulations brèves et directes, 73-75, 77.

svadhâ : exclamation rituelle qui accompagne l'offrande de pinda, 124-125 ; nourriture offerte aux pitri, 125.

svadharma : le dharma individuel, propre à chacun, 62, 69.

tantu : fil, corde ; continuité, lignée, descendance, 35, 150, 164.

tapas : « brûlure, ardeur ascétique », mortifications, pratiques ascétiques, 36, 92, 130.

tirtha : gué de la rivière ; endroit où l'on peut faire la traversée vers l'autre rive, 156-158.

tirtha-shrâddha : rites des *shrâddha* accomplis lors d'un pèlerinage à un *tirtha*, 158.

tyâga : abandon ou don de quelque chose que le sacrifiant a acquis pour le sacrifice, 25, 110.

upanayana : initiation qui fait du garçon issu des trois *varna* supérieurs un deux-fois-né, 96-97, 99.

upanishad : textes spéculatifs de la fin de la période védique, 30 n. 19, 50, 63, 65-68, 70, 148, 163.

Vahni : nom donné à Agni en tant que « véhicule » ou porteur des offrandes, 26, 47.

vaishya : producteurs de richesses, agriculteurs, éleveurs, commerçants, ceux qui composent le troisième *varna*, 53, 56, 62, 88, 98, 100.

Vaitaranî : fabuleuse rivière remplie de pièges que le défunt doit traverser avant d'arriver au royaume des morts, 83, 139-140, 158 ; nom donné aussi à la vache que le mourant offre à un brahmane, don qui lui facilitera la traversée de la rivière Vaitaranî, 139, 158.

vânaprastha-âshrama : le troisième stade de vie, celui d'ermite forestier, 57.

varna : couleur, catégorie sociale. La société ancienne était divisée en quatre *varna* : les brahmanes, les *kshatriya*, les *vaishya* et les *shûdra*, 52-54, 56-58, 62.

varna-dharma : le *dharma* ou les règles de conduite relatives à chacune des catégories sociales, 75-76.

Veda : « savoir », « science », savoir entendu jadis par les sages ; les plus anciens textes sont répartis en quatre collections : le *Rig-Veda*, le *Yajur-Veda*, le *Sâma-Veda* et l'*Atharva-Veda*, 12, 19, 21-22, 28, 36, 52-54, 56, 64-65, 70, 74-75, 95, 98-100, 116, 150-151.

vedânga : les six « membres » ou sciences auxiliaires du Veda : la grammaire, la phonétique, l'étymologie, la poétique, la science des astres et le rituel, 74, 95.

vedânta : « fin, achèvement du Veda », textes les plus tardifs rattachés au Veda, 70.

vedi : l'autel sacrificiel, 27.

Vishnu : avec Shiva, l'une des deux grandes divinités de l'hindouisme, 20, 50, 113, 116-118.

Yajur-Veda : voir Veda, 21, 30.

Yama : dieu qui est le souverain des *pitri* et qui règne sur les enfers, 84, 137, 139-140, 150-154, 158.

yogin : celui qui se livre à la pratique du yoga, 93, 112-113, 115-116.

TABLE DES MATIÈRES

Avant-propos 1
Notes préliminaires 3
Introduction. 5

Chapitre 1
Aux sources du rituel funéraire hindou :
le sacrifice védique 11
    L'acte par excellence : l'acte rituel 14
    Les rites domestiques et les rites solennels 16
    La source de l'interprétation des rites : le sacrifice ancien. . . . 20
    Le cadre général de célébration des grands sacrifices 24
    L'efficacité de la parole bien dite et de l'action bien faite 28
    Le modèle sacrificiel : l'*agnihotra* ou l'offrande au feu. 32
    Le sacrifice initial et sa commémoration. 34
    Les grands sacrifices solennels :
    élargissement de l'offrande au feu 39
    Agni : feu cuiseur, feu sacrificiel, feu médiateur 44

Chapitre 2
Le rituel funéraire hindou vécu
dans une société fortement hiérarchisée 49
    Structure sociale articulée autour du sacrifice 52
    Castes, pureté et impureté rituelles 57
    Le *dharma* régulateur des *karman* 61
    Le *karman* générateur des renaissances 64
    L'hindouisme : une tradition transmise de père en fils 70
    Les textes sources indiens sur la pratique des rituels 72

Chapitre 3

Le rituel hindou de la crémation : à la jonction
du sacrifice védique et des rites de perfectionnement 79
    La bonne mort et la malemort 80
    Le rituel de la crémation 84
    La crémation comme sacrifice 88
    La crémation comme rite de perfectionnement 93
    Le sacrifice de la *sati* ou le cas particulier
    de la crémation de certaines veuves 103
    Le dieu Shiva et les terrains de crémation 112
    Funérailles humaines, funérailles cosmiques et régénération . . 116

Chapitre 4

Le rituel postfunéraire hindou ou culte des ancêtres 119
    Le *shrâddha* type : le *shrâddha* pour
    les trois ancêtres immédiats 124
    Les *shrâddha* pour un membre de la famille
    récemment décédé 126
    Le *shrâddha* pour assurer le passage de l'état
    de trépassé à l'état d'ancêtre 128
    La prolifération des types de *shrâddha* 130
    La nécessité d'engendrer un fils pour assurer
    la célébration des *shrâddha* 132
    L'état intermédiaire de trépassé 136
    Le statut des *pitri* et leur rôle 140
    Le dieu Yama, le souverain des *pitri* 150
    La célébration des *shrâddha* dans les lieux de pèlerinage 155

Conclusion 161
Bibliographie 167
Index–glossaire des termes sanskrits 175
Table des matières 185